农民实用丛书

丛书主编 沈谦芳 林学勤
副主编 沈庆中

农民在接受行政管理方面的权益保护

沈庆中 邹国华 / 著

邹凡 / 修订

U0782164

江西人民出版社

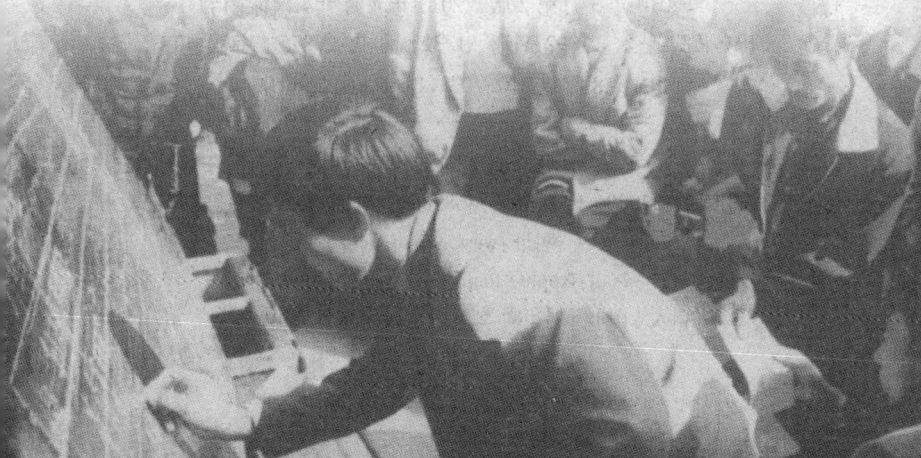

图书在版编目(CIP)数据

农民在接受行政管理方面的权益保护/沈庆中　邹国华著、邹凡修订.
—南昌:江西人民出版社,2000.8(2010年3月重版)
(农民实用丛书/沈谦芳、林学勤主编)
ISBN 978 - 7 - 210 - 02311 - 1

Ⅰ.农… Ⅱ.①沈…②邹… Ⅲ.行政管理 - 行政
法 - 法律解释 - 中国 Ⅳ.D922.115

中国版本图书馆 CIP 数据核字(2000)第 43961 号

农民在接受行政管理方面的权益保护

沈庆中　邹国华著　邹凡修订

江西人民出版社出版发行

江西新华印刷集团有限公司印刷　新华书店经销

2010 年 3 月第 2 版　2013 年 4 月第 4 次印刷

开本:787 毫米×1092 毫米　1/32　印张:2.875　字数:40 千

ISBN 978 - 7 - 210 - 02311 - 1　定价:6.00 元

江西人民出版社　地址:南昌市三经路 47 号附 1 号

邮政编码:330006 传真电话:86898827 电话:86898893(发行部)

网址:www.jxpph.com

E - mail:jxpph@ tom.com　web@ jxpph.com

(赣人版图书凡属印刷、装订错误,请随时向承印厂调换)

目录

1. 领了结婚证,才能算夫妻

刘强是江西某市东港乡的一个俊小伙子。1996年高中毕业后因未考上大学,他便外出到广州打工,与来自湖南株洲某乡的打工妹卢英相识并恋爱,1999年正月两人回到刘强家,在刘强父母的催促下,举行了婚礼。在婚宴中,刘强的舅舅因外甥结婚,很是高兴,便多喝了两杯,问及外甥结婚是否打了结婚证,得到的回答是:没有。他便督促外甥赶快去补办结婚登记手续。

　　因刘强与卢英的户口不在同一地区,他们不知道如何办理结婚证。恰好,来喝喜酒的亲友中,有一位是市民政局的干部,他向刘强、卢英两人作了如下解答:

　　根据婚姻法的规定,男女双方结婚必须具备如下条件:一是一夫一妻;二是必须双方自愿;三是必须达到法定婚龄,即男方必须年满 22 周岁,女方必须年满 20 周岁;四是不能患有医学上认为不应当结婚的疾病;五是不属于直系血亲或三代以内旁系血亲。为此,《婚姻登记条例》规定,当事人结婚,必须双方亲自到一方户口所在地的婚姻登记管理机关申请结婚登记。申请时,应当持下列证件和证明材料:(1)户口证明;(2)居民身份证;(3)本人无配偶以及与对方当事人没有直系血亲和三代以内旁系血亲关系的签字声明。离过婚的,还应当持离婚证。婚姻登记管理机关对当事人的结婚申请进行审查,符合结婚条件的,应当当场予以登记,发给结婚证;对离过婚的,应当注销其离婚证。当事人从取得结婚证起,确立夫妻关系。对当事人不符合结婚条件不予登记的,应当向当事人说明理由。

　　办理婚姻登记的机关是县级人民政府民政部门或者乡(镇)人民政府。

　　因此,刘强与卢英结婚,首先是必须符合结婚的条件,其次是必须持有关证明或证件到刘强或卢英户口所在地的乡镇人民政府办理结婚登记。如果不办理结婚登记手续,法律是不承认他们的夫妻关系的。

2. 想生娃,先领"证"

江西某县农民胡强与习小花于 1999 年 2 月份结婚,于 2000 年元月生了一个女孩,因双方符合再生育一胎的规定,故 2004 年 3 月又生了一个男孩。在为男孩上户口时,公安机关要求他们出具计划生育部门制发的"生育证"。为此,胡强来到乡计生办公室,得到的回答是"你们违反了计划生育法规的规定,应当交纳社会抚养费"。两口子想不通,认为他们符合生两胎的条件,并不是超生,没有违反计划生育的规定,不知为何还要罚款。胡强夫妇的想法对吗?如何申领生育证?

我国的计划生育政策,实行的是第一胎生育服务证和再生育一胎生育证制度。除了国家有特殊规定(如少数民族)的以外,凡欲生育子女的夫妻,须按规定共同申请并获批准。(1)生育第一胎的夫妻,分娩前凭结婚证、身份证,以及夫妻双方单位或村(居)民委员会的证明,到一方户口所在地的乡(镇)人民政府或街道办事处领取《生育服务证》,凭《生育服务证》享受免费基本项目的计划生育技术服务,接受生殖保健服务。未能及时领取《生育服务证》的,可以在分娩后的 6 个月内补领。(2)符合规定要求再生育一胎的,须由双方所在单位证明,经街道办事处、乡(镇)人民政府审核,报女方所在的县级计划生育委员会批准发给《再生一胎生育证》,其中双方是农民的,由女方所在的乡(镇)人民政府审核批准并发证。违反规定生育的,属计划外生育,要被征收社会抚养费。因而,胡强夫妇的想法不对,他们应当交纳社会抚养费。

3. 钟根与凤英如何离婚为好

钟根与凤英虽已结婚五年, 也生育了一男孩,但由于双方性格不合,经常为小事吵嘴打架,夫妻之间的感情日渐淡漠。经双方的亲友及村干部多次调解仍不见好转,现双方都同意离婚,且对小孩的抚养及财产分割达成了意见一致的协议,但不知是到法院起诉离婚还是到乡政府离婚为好。

我国婚姻法规定:男女双方自愿离婚的,准予离婚。双方须到婚姻登记机关申请离婚,婚姻登记机关查明双方确实是自愿离婚并对子女和财产问题已有适当处理时,应即发给离婚证。男女一方要求离婚的,可由有关部门进行调解或直接向人民法院提出离婚诉讼。人民法院审理离婚案件,应当进行调解,如男女双方感情确已破裂,调解无效,应准予离婚。因此,我国现在实行两种离婚方式,即登记离婚和诉讼离婚。

根据《婚姻登记条例》的规定,当事人离婚的,必须双方亲自到一方户口所在地的婚姻登记机关申请离婚登记。申请离婚时,应当持下列证件和证明材料:(1)户口证明;(2)居民身份证;(3)离婚协议书;(4)结婚证。婚姻登记机关对当事人出具的证件、证明材料进行审查并询问相关情况。对当事人确属自愿离婚,并已对子女抚养、财产、债务等问题达成一致处理意见的,应当当场予以登记,发给离婚证。当事人从取得离婚证之日起,解除夫妻关系。

　　钟根与凤英双方自愿要求离婚,且对子女抚养和财产分割达成了协议,符合离婚条件。因此,他们可以持有关证件和证明材料,直接到双方户口或一方户口所在地的乡、镇人民政府办理离婚登记,领取离婚证。

4."超生儿"也应有户口

　　农民张某夫妇,婚后第二年生育了一个男孩,但他们受封建的"多子多孙即多福"思想的影响,两年后未经批准又强行超生了一男孩。为此,县计划生育主管部门依照计划生育法规的规定对他们进行了处罚。现在,第二个男孩已有5岁了,一直未上户口,村民小组也以他无户口为由不分给他口粮田。那么:"超生儿"能上户口吗? 如何申报户口?

　　户口,也称户籍,它既是每一个公民应当享有的基本权利,又是每一个公民出生、死亡及在某一地区迁出、迁入、常住、暂住等情况的真实记载和反映。我国对户口管理实行的是申报登记制度,即每一个公民出生、死亡、迁出、迁入都必须向户口管理机关——当地公安局及公安派出所申报。新生儿及未满18周岁的儿童、少年的出生及户籍变更由其父母或其他监护人代理申报;公民死亡的由其近亲属申报。公安机关对公民有关户口的申报必须及时审查、核实,依法登记。因此,"超生儿"及非婚生儿、抱养的弃婴都必须按户籍管理的有关规定向公安机关申报出生登记,公安机关不得以任何理由拒绝登记。

新生婴儿出生时,其父母或其他监护人必须持夫妻双方的结婚证、身份证和户口本、生育证或交纳社会抚养费的证明、出生证等有关证件到其父母户口所在地的公安机关填写有关表格,申报出生登记;父母户口不在同一地区的,新生婴儿可以随母或者随父登记。有关公安机关必须依法认真审核申报材料的真实性,材料不足的通知补充或补足,依法予以登记。

5. 出借身份证招来的祸

农民谢刚与谢大生是同村好友。2005 年 3 月,谢大生以自己的居民身份证遗失,现需到外地贩卖水果,而身份证一时难以重新办理为由,向谢刚借用居民身份证,并言明,做完这趟生意(约 1 个月)后立即归还。谢刚很爽快地答应了。谢大生持谢刚身份证赴山东省某市购买苹果,不但住宿使用谢刚的身份证进行登记,而且凭谢刚的身份证与出售苹果的果农签订了"买卖苹果协议书",约定由果农卖给他苹果 10 吨,计货款 12000 元,提货时付款 3000 元,余款 10 天后一次性付清。当时果农将谢刚的身份证号码及住址在协议书上记录下来。谢大生提货后将苹果运回,以低于购买价的 10% 出售,且不将货款及时付给山东果农。
2 个月后,山东果农凭协议书上记载的谢刚住址及身
份证号码向谢刚所在地的公安机关报案,称谢刚诈骗
其苹果 10 吨,价款 9000 元,请求公安机关追回被骗
货款并追究谢刚的刑事责任。公安机关经侦查,排除
了谢刚作案的可能,基本认定该诈骗案系谢大生所
为,即将谢大生刑事拘留,同时对谢刚予以罚款。谢刚
心中很是纳闷,认为:"我又没有去骗苹果,怎么要罚
我的款?"

公安机关的同志是这样答复谢刚的:

居民身份证是特定公民的身份证明,应当依法使
用,不得转让和出借,更不能冒用。对于转让、出借居

民身份证的行为,依照《中华人民共和国居民身份证法》第16条第2项的规定,可以依法予以处罚。因此,谢刚出借居民身份证的行为是违法的,公安机关对他作出罚款的治安处罚是正确的。各位农民朋友,请正当使用你的居民身份证,别因乱用而受罚啊!

6. 出外不带居民身份证惹来的麻烦

1999年8月31日,江西某市村前乡青年刘坚将家里农活基本做完,即兴高采烈地出发了——前往邻省的张家界旅游。当晚他到达长沙,准备第二天转车,住在长沙市郊的一家私人旅店。住宿时,店主并未要求刘坚出具居民身份证进行登记,只是要他付了住宿费。至晚上11时,当地公安机关因侦破前天在本地发生的一桩盗窃大案而派出公安人员在各有关饭店、车站等地盘查住宿及过往人员。当公安人员来到刘坚住宿的小旅店时,即要求刘坚出示居民身份证。但因刘坚未将身份证带在身边,又不认识其他可以证明其身份的熟人,公安人员便将他传讯至公安机关继续盘查,直至第二天下午,才由公安人员与刘坚所在村的村委会干部及派出所通话,证实了刘坚的身份之后才允许他离去。刘坚因身上无居民身份证,不敢继续前往张家界,故而带着一脸的懊恼回到了家。

刘坚这一趟真的划不来,既花了200多元钱,又没有到达目的地旅游,还受了一肚子气。刘坚有错吗?

第二天,他来到了市律师事务所咨询。

　　接待他的律师是这样回答他的:公民外出必须携带居民身份证,因为法律规定投宿旅店办理登记手续时必须出具居民身份证。另外公安机关在追捕逃犯、侦查案件中,遇有形迹可疑或被指控有违法犯罪行为的人需要查明身份时,有权查验公民的居民身份证。此外,律师还告诉他,在办理下列事务,需要验明身份时,需要出示居民身份证:(1)选民登记;(2)户口登记;(3)兵役登记;(4)入学、就业;(5)办理公证事务;(6)前往边境管理区;(7)办理申请出境手续;(8)参与诉讼活动;(9)办理机动车、船驾驶证和行驶证,非机动车执照;(10)办理个体营业执照;(11)办理个人信贷事务;(12)参加社会保险、领取社会救济;(13)办理搭乘民航飞机手续;(14)提取汇款、邮件;(15)寄卖物品;(16)办理其他事务。在下列情况下,公安机关也有权查验居民身份证:维护铁路、公路、水运、民航等公共场所治安秩序以及巡逻执勤中,对有违反治安管理行为的人需要查明身份时;对各种灾害事故和突发性事件进行现场调查时;办理户口登记手续和核查户口时。律师还告诉刘坚,居民身份证是公民的一个很重要的证件,除公安机关依法对被告人采取强制措施可以扣留居民身份证外,其他任何单位和个人不得扣留居民身份证或者作为抵押。

刘坚听完律师一席话,才恍然大悟,这次是自己太大意了,今后一定要学法、用法、守法。

7. 外出打工须领《暂住证》

张银花与谢小英是同村女青年,都已 18 岁了。张银花高考落榜,但不愿继续学习,于是和谢小英一同来到广东东莞某鞋厂打工。因这是一家小的鞋厂,不能安排打工妹的住宿,她们便租住在镇上一户居民家中。前几个月,工作虽然苦点,但工资有 600 余元且按时领取,所以她们生活得还可以。2 个月后的一天,房东通知她们,说公安派出所通知她们去办暂住登记。她们认为自己已经领取并携带了居民身份证,觉得没有必要再去公安机关登记。约十天后,两民警在中午休息时间突然找上门来,向她们俩送达一份处罚决定书。该决定书以她们俩没有按时办理暂住登记、领取《暂住证》为由,决定各给予 50 元的处罚并限在三天内到派出所进行登记。

两姑娘接到处罚决定书后,直吓得要哭起来。下午,她们来到了鞋厂保卫科,找保卫科人员咨询:"我们到底违反了什么法?"

保卫科人员是这样回答她们的:"你们两人确实违反了国家有关户口登记的法律规定,因公安部《暂住证申领办法》明确规定,16 周岁以上公民离开原住地(常住地)到其他地方住宿1个月以上者,应当到暂住地公安派出所办理暂住户口登记,并申领《暂住证》。否则,公安派出所可以依照法律规定予以处罚。"

两姑娘听后,这才恍然大悟,知道自己错了。于是,第二天一早就到指定的银行交纳了罚款,并和房东一起携带租房合同、身份证等证件一同到公安派出所申报了暂住户口登记和领取了《暂住证》。

8. 农民也可以转城镇户口

"成为城里人",多年来一直是一些农民最大的愿望。他们总想:如果有一天,自己或自己的后代要能"成为城里人",该是件多么高兴的事啊! 由于我们国家的户籍管理制度的改革,农民朋友的这一愿望已经变成现实。当然,农民不可能全部转为城镇户口,转城镇户口是有一定条件的, 即凡是符合条件的农民,经申报、审批都可以转为城镇户口。那么,农村户口转为"非农户"有什么条件、又如何办理呢?

根据1997年5月20日公安部《小城镇户籍管理制度改革试点方案》的规定,下列农村户口的人员,在小城镇已有合法稳定的非农职业或者已有稳定的生活来源,而且在有了合法固定的住所后居住已满两年的,可以办理城镇常住户口:(1)从农村到小城镇务工或者兴办第二产业、第三产业的人员;(2)小城镇的机关、团体、企业、事业单位聘用的管理人员、专业技术人员;(3) 在小城镇购买了商品房或者已有合法自建房的居民。与上述人员共同居住的直系亲属,可以随迁办理城镇常住户口。在小城镇范围内居住的农民,土地已被征用,需要依法安置的,可以办理城镇常住户口。经批准在小城镇落户人员的农村承包地和自留地,由其原所在地的农村经济组织或者村民委员会收回,凭收回承包地和自留地的证明,办理在小城镇落户手续。经批准在小城镇落户的人员,与当地原有居民享有同等待遇。当地人民政府及有关部门、单位应当像对待当地原有居民一样,对他们的入学、就业、粮油供应、社会保障等待遇一视同仁。

凡是符合上述条件且要求在小城镇落户的农民,必须由本人持有关证明材料向迁入地户口登记机关提出申请;迁入地户口登记机关经严格审查,对确认符合条件的,报县(市)公安机关审批。

经过试点后, 国务院于 2001 年 3 月 30 日批转了公安部《关于推进小城镇户籍管理制度改革的意见》,现在已在全国全面推进小城镇户籍管理制度的改革。农民朋友,你符合转为城镇户口的条件吗? 你的"农转非"梦想可以成为现实吗?

9. 农户未交统筹费,乡政府不让其子上课是侵权

王某是某市前进乡东港村农民,1998 年, 因妻子患病住院花去医药费 3000 余元,加之因护理妻子,水稻无人打药和进行田间管理,造成减产,年终未能缴清乡村统筹费,尚欠 500 余元。东港村该年共有 50 余户农户也因各自原因未缴清乡村统筹费,村委会干部向乡政府汇报了此事。乡政府某乡长为了迫使欠费农户主动交款, 强令该乡中学不准欠费农户的子女上课,必须等其父母缴清欠款后才能复课。王某的儿子也在该中学念初中二年级,接到不准上课的通知后,含着眼泪回家告诉父母。王某很是气愤,想告乡政府,但不知能不能告赢。那么,乡政府不准学生上课的行为对吗?

前进乡政府以父母欠费为由,不准其子女上课的行为是错误的,它违反了《中华人民共和国义务教育法》的规定,侵犯了适龄儿童、少年受教育的权利。

《中华人民共和国义务教育法》第 4 条规定:"国家、社会、学校和家庭依法保障适龄儿童、少年接受义务教育的权利。"因此,适龄儿童、少年接受义务教育是其依法享有的权利,国家、社会、学校和家庭应当履行其接受义务教育的职责和义务,不得以任何理由妨碍其接受义务教育。乡人民政府作为基层人民政府,理应确保小孩上学接受义务教育,若以其父母未缴清

统筹费为由而勒令其停学,显然是违法的。如果乡政府不改变这种行为,王某的儿子或其他学生可向人民法院起诉,乡政府必定败诉无疑。

10. 虽是自家责任田,也不能擅自盖新房

某市东山乡农民李某,这几年生活过得挺顺当,大儿子已娶媳妇,二儿子也马上要成亲。感谢党的好政策,他家每年开支下来仍有钱节余。美中不足的是,一家五口挤住在一幢三进的砖瓦房内。李某多次向村干部提出建房批地的请求,村干部总说批地建房难,还要经乡政府批准。李某怕麻烦,忽然想起一个主意,在挨近村庄的自家责任田(旱地)里盖房,宁愿自家吃点亏,不减公粮和税费,免得批地麻烦。说干就干,一家五口都是劳动力,平地基,夯墙基,买砖、石灰和水泥,眼看一幢占地 100 余平方米的二层大楼即可建成。恰好东山乡政府土地管理所张所长路过该村,见李某家盖房,问是否经过批准。李某回答说,在自家责任田盖房,既不少交国家的,又不欠缴村上的,还要经谁批准?张所长见此,立即找来村主任,口头通知李某立即停止建房,并应接受政府的处罚,否则将推倒新房并加重处罚。李某又急又气,认为张所长是故意刁难他,要找个律师来和张所长论理。你认为李某有道理吗?

显然,李某的行为是错误的。因为无论在原宅基地,还是在耕地上建房都应经审批。责任田虽由李某承包耕种,但他并不享有对责任田的所有权,只享有使用权。依照《中华人民共和国土地管理法实施条例》第15条的规定:单位和个人承包经营的土地和依法确定给个人使用的自留地、自留山,应当按照规定用途使用,不得擅自建房、建窑、建坟、采矿、采石、挖沙、取土。

如何申请建房用地呢?《中华人民共和国土地管理法实施条例》第25条是这样规定的:农村村民建住宅需要使用土地的,应当先向村农业集体经济组织或者村民委员会提出用地申请,经村民代表大会或村民大会讨论通过后,报人民政府批准。其中需要使用耕地的,由乡政府审核,经县级人民政府土地管理部门审查同意后,报县级人民政府批准;需要使用原有宅基地、村内空闲地和其他土地的,报乡级人民政府批准。

11. 建房用地起纠纷,该由谁来断公平

农民李平和李水生是远房叔侄关系,论辈分李平是李水生的叔叔,论年龄李水生长李平10岁,平时两家关系极好。1998年5月,李水生经村委会通过报乡政府审批,在宅基地上盖房。在划线挖墙基时,李平一家即来干预,理由是李水生建房的宅基地是他们共同的

祖辈遗有的房屋被拆毁后的地基,他也有份,李水生要建房只能占用一半的地基。为此,两家发生纠纷,要不是村干部及时赶来制止,差点弄出人命。

李平和李水生家的土地权属纠纷应由谁来处理呢?有的说是法院,有的说是县土管局,还有的说是乡政府,到底由谁来管这件事,李平和李水生自己都说不清楚。

根据《中华人民共和国土地管理法》第16条的规定:个人之间,个人与单位之间发生的土地权属争议,当事人协商不成的,可以向县级人民政府土地管理部门或乡级人民政府提出处理申请,该两机关必须依法受理和处理。当事人对有关人民政府的处理决定不服的,可以自接到处理决定通知之日起30日内,向人民法院起诉。

必须指出的是,在土地所有权和使用权争议解决之前,任何一方不得改变土地使用现状。

12. 房屋买卖应登记

兰枪和兰桃是叔伯兄弟,两家关系甚好。兰枪因在镇上经商,想将老家的一栋二层楼房及院子出卖。兰桃本想自己批地建房,作为儿子结婚用的新房,见兰枪要卖房,且院落宽敞,便提出自己购买此房。两家很快达成买卖房屋的口头协议,兰枪以比较优惠的价格(38000元)将主房及附房卖给兰桃,兰桃当即付购房款30000元,余款答应在兰枪交房时付清。因两家关系密切,故没有写协议书,也没有办理房屋产权过户手续及宅基地使用权转让手续。之后,因兰桃之子的婚期推延,所以兰桃未催促兰枪交房。半年后,外出打工归来的张华向兰枪出50000元的价格购买此房,兰枪便将此房出售给了张华,并办理了房屋产权过户手续及宅基地使用权转让手续。兰桃得知兰枪将此房另卖他人后,即向法院起诉要求确认兰枪与张华之间的房屋买卖行为无效,要求兰枪向自己交房,并承担违约责任。

某市人民法院经审理认为:兰枪与兰桃买卖房屋的行为是自愿有效的,但未办理房屋产权过户手续,所以兰桃并没有取得该房屋的所有权;而张华作为善意第三人向兰枪购买了房屋,并办理了房屋产权过户手续,已经成为该房屋真正的主人。兰桃已无权要求兰枪向自己交房,只能依照法律规定要求兰枪返还购房款,并承担违约赔偿责任。

13. 采矿未经批准应受处罚

某市东安镇田东村,是一国办煤矿所在地,地底下的煤炭资源十分丰富。俗话说,"靠山吃山",这里的人们也慢慢地跟着富起来了。1998年2月,发财心切的田东村农民谢大桂等人见采煤可以赚大钱，就邀约了本村的 10 个农民合伙开办一座小煤窑，在未经任何部门批准的情况下即开始动工开矿，经过近 2 个月的开采，井口已经形成，而且渐渐出煤，这时总共花费近 5 万元。谢大桂等人开办的小煤窑出煤了，这一消息经村、乡，一直被反映到市国土资源和矿产管理局。国土资源和矿产管理局即派员来到实地调查、核实。之后，市人民政府以谢大桂等人未经批准采矿为由，依照有关法律规定，作出了立即关闭小煤窑，并处以5000 元罚款的处罚。

谢大桂等人甚是着急，自己花了 5 万多元钱开办的煤窑不仅不准开采，还要罚款，这该怎么办？他们来到市矿产局咨询，负责接待的干部这样告诉他们：我国矿产资源法规定：开采矿产资源必须依法申请取得采矿权、领取采矿许可证，禁止无证采矿。对未领取采矿许可证擅自采矿者，责令停止开采，没收其矿产品，处以罚款 500 至 10000 元。此时，谢大桂等人才知道自己确实已经违法了，对市政府的处罚表示服从。但他们又接着问："我们可以申请采矿吗？申请采矿有什么条件？"这位干部又向他们解释说，只要符合采矿条件，你们可以申请采矿。国家规定：个体采矿者应当具备下列条件：(1)有一定矿产资源；(2)有明确的开采地点和范围；(3)有相应的安全条件、采掘技术和保护资源措施;(4)符合国家规定的个体采矿范围。具备上述条件者可直接向市人民政府申请,市人民政府经审查核实后,发给采矿许可证。所以,你们如果确需继续开采,请向市政府提出申请,由市政府审查核实后再予决定。

听了这位干部的解释,谢大桂等人的心里才稍许轻松了一点,毕竟他们开煤窑还是有希望的。

14. 打鱼也要领"证"

某县湖田乡,位于我国第一大淡水湖——鄱阳湖的区域内,这里的农民边种田、边打鱼,尽情地享受着大自然赐予的爱和美。但是,令农民们不解的是,近几年去湖里打鱼,经常因为没有许可证受到有关部门的处罚,不但被没收网具,而且被罚款。他们总认为,湖里的鱼又不是谁养殖的,我们祖辈一直在湖里打鱼,还要什么许可证? 一天,县农牧渔业局的干部会同乡政府的有关负责人一同来到村里,实行重点整治。经过几天的学习和教育,村民们才知道国家对捕捞业实行许可制度的目的和意义;也知道了申请捕捞许可证的条件和程序。

按照渔业法的规定,农民在内陆水域捕捞,必须向县级以上地方人民政府渔业行政主管部门申请许可证,由其批准发放。但有下列情形之一的,不得发放捕捞许可证:(1)使用破坏渔业资源、被明令禁止使用的渔具或捕捞方法的;(2) 未按国家规定办理批准手续,制造、更新改造、购置或者进口捕捞渔船的;(3)未按国家规定领取渔业船舶证书、航行签证簿、职务船员证书、船舶户口簿、渔民证等证件的。

由于受到了教育,此后,这里的村民都自觉地遵守渔业法的规定,很少有因捕鱼而受到处罚的现象发生。

15. 采伐自家树,也要经批准

家住江西省某市龙潭乡龙潭村的农民况某怎么也没有想到,砍伐自家栽种、自家所有的一片果树,也触犯了法律。

五年前,况某承包了本村一块责任田,他经考察,认为种植苹果可以赚钱,便买来了300余株苹果树苗栽种。经过精心照料,苹果树于第三年结下了果实,但是结出的果实又酸又涩。况某认为第一年的苹果不好吃,再等一年看看。至第四年、第五年果实仍是酸涩,苹果拿到街上去卖,只要尝一尝,便再也无人问津。一气之下,况某将苹果树全部砍掉,改种其他作物。

没过几天,市林业局便找上门来,以况某伐树未办理采伐许可证、滥伐林木为由,对其作出了罚款5000元、补种树木300株的处罚。况某深感委屈:自己种的果树,本身花费上万元,不但没有收获,砍伐这些无用的果树还要受罚。后经市林业局的人员开导,况某开始认识到自己的行为违反了我国森林法关于采伐林木应经许可的规定,市林业局的处罚是正确的,自己是花钱买教训。况某想通了后,还经常以自己的经历现身说法,教育其他村民。

16. 家庭办小卖部的风波

某县大城乡东山村是一个偏僻的山村,村里住着120余户近400人,这里离城镇较远,村民买点生活用品都要走几里山路。1997年2月,张国宝因自己购买了一台手扶拖拉机犁田并捎带跑点运输,便萌发了开个家庭小卖部的念头,心想既可方便村民,又可赚点钱以贴补家用,加上自己有车,可以带货上山。他将这一想法在家里一提出，即得到了父母妻子的支持。于是,家人立即动手腾房屋、做货架和柜台、打扫卫生等,张国宝也从山下小镇批发来包括盐、酱油、香烟等在内的2000余元商品。村民对张国宝家开小卖部也很是欢迎,开张那天,村民们都自发地前来祝贺。自此,小卖部的生意虽不算很红火,但也未断档。年底,工商所进行检查, 发现张国宝家未办证而开了小卖部,便报请县工商局对其作出罚款500元,收缴非法所得500元的处罚。张国宝一家人懵了,不知犯了什么法。后经工商人员耐心解释,张国宝及家人才明白他们违反了国家工商管理法规。

《城乡个体工商户管理条例》第2条规定:有经营能力的城镇待业人员、农村村民以及国家政策允许的其他人员,可以申请从事个体工商业经营,依法经核准登记后为个体工商户。该条例第7条还规定,申请从事个体工商业经营的个人或家庭,应当持所在地户籍证明及其他证明,向所在地工商行政管理机关申请登记,经县级工商行政管理机关核准领取营业执照,方可营业。

17. 农民朋友,你的负担应是多少?

某县石峰乡赤头村农民张建国一家共有四口人,承包了责任田10亩,其中水田7亩、旱地3亩。前几年,感谢党的致富好政策,张建国一家的收入连年增高,日子过得挺红火的。可是近两年来,收入虽未减少，但实际节余的钱却越来越少了。经仔细核算，国家收的公粮、税收虽然已经全部免了，而村里、乡里收的费用却越来越多。这些费用包括集资办校、集资办厂、集资修路、集资修村部等等，名目繁多。他粗略地估计了一下，2008年他一家人共交各种费用1930余元，人均480余元。另外，父子两人下半年在水利工地等劳动了近一个月。张建国从电视里了解到农民负担问题是由人大监督的，于是他想起了还是90年代初在他们村蹲过点的现在是县人大副主任的王伟成，"何不问问他去呢？"于是，他乘车来到县城，在人大办公室里找到了王主任。老熟人一见面即拉扯开了。张建国直接说明了来意，王主任更是很乐意，因为自己正要调查了解农民负担的问题。

王主任首先了解了一下张建国所在村的缴费情况，而后向张建国说：国务院于1992年12月即制定了《农民承担费用和劳务管理条例》，该条例规定了农民除缴纳税金、完成国家农产品定购任务外，所应承担的村提留、乡统筹的费用不得超过上一年农民人均纯收入的5%。村提留包括公积金、公益金和管理费；乡统筹的费用主要用于安排乡、村两级办学及计划生育、优抚、民兵训练、修建乡村道路等民办公助事业。农民义务工主要用于植树造林、防讯、公路建设、修缮校舍等，按标准工日计算，每个农村劳动力每年承担5~10个农村义务工。劳动积累工主要用于农田水利基本建设和植树造林,按标准工日计算,每个农村劳动力每年承担 10~20 个劳动积累工。王主任接着说,我县统计局公布的 2007 年农民人均纯收入为 4600元,则 2008 年所收的费用总计不能超过 230 元。像你刚才所说的,你们乡、村收的费用确实多了,我会向有关部门反映一下。我们人大也会下去检查执行国务院条例的情况。一席话,将张建国的心里说得暖烘烘的,原来政府对我们农民的事情还挺关心的呢,这回有了法,就不怕乡里、村里乱收费用了,我回去后一定向村民们宣传一下。

18. 互换承包土地也应备案登记

张添福与张大古是同村村民,且两家承包的水田相邻。2005 年 3 月,张添福因水田上灌水沟倒塌,便与张大古商定并签订如下协议:张添福在张大古的水田上挖一条长 30 米、宽 1 米的灌水沟使用,由张添福将一块面积为 0.26 亩的水田给张大古耕种。互换水田之后,双方四处打听互换是否合法,以及如何办理相关手续等,最后来到乡土管所咨询。

土管所的工作人员告诉他们,根据《中华人民共和国农村土地承包法》的规定,国家依法赋予农民长期而有保障的土地使用权,维护农村土地承包当事人的合法权益。作为承包土地的农民,依法享有承包地使用、收益和土地承包经营权流转的权利,其中流转方式就包括了转包、出租、互换、转让等,显然,根据需要张添福与张大古互换承包的水田是合法的。《农村土地承包法》还规定,采取转让方式流转的,应当经发包方同意;采取转包、出租、互换或者其他方式流转的,应当报发包方备案;如当事人要求登记的,应当向县级以上地方人民政府申请登记,未经登记,不得对抗善意第三人。两位村民听了工作人员耐心的解释后,非常高兴地离开了乡土管所,回到村委会办理备案手续去了。

19. 如何申办驾驶证,你知道吗?

50岁的邓某,生有一女一儿,女儿已经出嫁,儿子高中毕业后在家和他一起种田。近年来,眼看许多农村青年都出外打工发了财,邓某又舍不得让儿子外出打工,合计来合计去,觉得还是去学开车好。但是,他不知道儿子该怎么办理有关考试手续,也不知道儿子是否符合当驾驶员的条件。于是,他来到县城,找到自己一个在交警队的侄子小邓。"你弟弟想学开车,不知如何办理手续?他是否符合驾车的条件?"一见面,邓某即说明了来意。

小邓思考了一下回答说:弟弟想要学开车,就要申请学习驾驶机动车,首先是申请取得学习驾驶证。申请时应当履行下列手续:(1)填写《机动车驾驶证申请表》;(2)交验身份证件(居民身份证、护照等),在暂住地申请的还应交验暂住证（暂住期为一年以上);(3)初次申请大型客车学习驾驶证的,由省级车辆管理所按公安部规定审批;(4)接受身体检查。车辆管理所对符合规定的,考试交通法规和相关知识合格后,核发学习驾驶证。其次是对持学习驾驶证并掌握驾驶技能的,经考试合格后,核发驾驶证。

小邓接着回答说:关于当驾驶员,除了需考试考核外,还必须经过身体检查。申请驾驶证的条件是:(1)申请大型客车、牵引车、城市公交车、大型货车、无轨电车驾驶证的,身高不低于155厘米,申请中型客车驾驶证的,身高不低于150厘米;(2)申请大型客车、牵引车、城市公交车、中型客车、大型货车、无轨电车或者有轨电车驾驶证的,两眼裸视力或者矫正视力达到对数视力表5.0以上,申请其他驾驶证的,两眼裸视力或者矫正视力达到对数视力表4.9以上;(3)无赤绿色盲;(4)两耳分别离音叉50厘米能辨别声源方向;(5)四肢、躯干、颈部运动能力正常。有下列情形之一的,不得申请机动车驾驶证:(1)有妨碍安全驾驶疾病及生理缺陷的;(2)被吊销机动车驾驶证未满2年的;(3)在吊扣机动车驾驶证期间的;(4)已持有机动车驾驶证的(申请增驾的除外)。(5)驾驶许可依法被撤销未满三年的。

　　邓某听了侄子一席话,满脸高兴:"那你弟符合驾车条件,我回去就要他来找你,你帮他报一个名吧!"小邓爽快地回答说:"可以。"

20. 生产、经营种子应领"证"

　　某县华林山乡农民张某,见附近乡的农民因生产水稻杂交种子发了财,便也想栽种种稻。年后,他专门到自己的"亲家"家里学习生产种子的技术,回来后也不和村干部及乡政府打交道,就直接在自家责任田里栽种了3亩杂交稻。开始,村干部不以为然,乡政府也不知道此事,直到种稻苗长高以后才被乡政府农业技术员发现,并及时向县农业局报告了此事。农业局随即派员前来查看,之后对张某作出了立即毁掉种苗的决定。张某不予理会,心想其他乡的农民可以种,为什么我就不能种?生产的种子我不到外面去卖,就供应我们本村的农民,这算犯了哪门子法?10天后,县农业局见张某并未割掉种稻苗,即申请县法院强制执行。县法院经耐心地做张某的思想工作,张某仍不从,即对其作出司法拘留10天的决定,张某才答应立即割掉种稻苗,于是法院提前解除了对张某的拘留。

　　种子是农业、林业生产中最基本的生产资料,所以我国对生产、经营种子都作了严格的规定。《中华人民共和国种子法》第60条规定,未取得种子生产许可证或者未按照种子生产许可证的规定生产种子的,由县级以上人民政府农业、林业行政主管部门责令改正，没收种子和违法所得，并处以违法所得一倍以上三倍以下罚款；没有违法所得的，处以一千元以上三万元以下罚款；构成犯罪的，依法追究刑事责任。"显然，张某因未领取《种子生产许可证》，县农业局才作出了毁掉种苗、停止生产的决定。另外，《种子法》还规定，未取得种子经营许可证或者未按照种子经营许可证的规定经营种子的，由县级以上人民政府农业、林业行政主管部门责令改正，没收种子和违法所得，并处以违法所得一倍以上三倍以下罚款；没有违法所得的，处以一千元以上三万元以下罚款；构成犯罪的，依法追究刑事责任。

农民朋友，你没有无证生产种子吧。当然，你也不应当购买无《经营许可证》的商贩推销的种子，以防上当。

21. 个体医生也应纳税

1996 年 5 月 18 日，某县刘庄店地税所在镇政府召开了全镇个体乡村医生会议，对全镇 62 名个体乡村医生应纳个人所得税的核实税额分别进行了通报，并规定了缴纳期限及罚则。况守启等 14 名个体医生在规定的时间内补交了税款后，向县税务局申请复议。他们依据 1994 年颁发的《个人所得税法》和 1986 年财政部《关于城乡个体工商户所得税若干政策规定》及本省有关规章的规定，认为他们属免税对象，其个人所得税应予免征。县地方税务局认为,根据《中华人民共和国个人所得税实施条例》规定,应征收个体医生个人所得税。14 名个体医生不服此复议决定,遂于 1996 年 9 月推荐代表,向县法院起诉。县法院经审理认为,个体医生所提供的不应征收个体医生个人所得税的法规或规章,有的被废止,有的因与法律抵触而失效。刘庄店地税所依法征收个体医生个人所得税的具体行政行为事实清楚、适用法律正确,故判决维持了刘庄店地税所的收税行为。

依法纳税,是每一个公民应尽的义务。根据我国税收政策的变化,原来个体乡村医生确实不应缴纳个人所得税,但是自新的税法颁布后,个体乡村医生应当缴纳个人所得税,所以必须照新的税法执行。当然,个体乡村医生现在仍然享受政策的优惠,没有被征收营业税。

22. 出了车祸后,怎么办?

熊某是一个体司机。1998 年 3 月他通过贷款及向亲朋好友借款买了一辆六成新的东风牌货车跑货运。通过一年多的努力,眼看购车的本钱快要赚到,心里挺高兴的。但是,高兴还未过去,2000 年 2 月 20 日,春节还未过完,他在邻县运货时,在回家的路上因不小心发生一起车祸,与同向行驶的一辆无尾灯的货车相撞。当时这辆车紧急刹车,熊某没见它亮刹车灯,等发现时已经来不及了。车祸造成熊某的驾驶室损坏,货主受伤。邻县交警队勘察现场后,立即将两辆车扣往停车场,督促熊某赶快送伤者住院,其他未说什么。熊某还是第一回碰到这样的事,他不知道怎么办才好。那么,这时他到底应该怎么做呢?

熊某现在应做如下几项工作:

(1)立即抢救伤员,将伤员送往就近的医院治疗。

(2)如果车辆已保险,应立即向所投保的保险公司报告,填写出险登记,请求派员对车辆损失等进行定损。

（3）等待公安交警部门对事故责任的认定。依照《道路交通事故处理程序规定》，交通事故责任认定，自交通事故发生之日起按下列时限作出：轻微事故 5 日内；一般事故 15 日内；重大、特大事故 20 日内。因交通事故情节复杂不能按期作出认定的，须报上一级公安交通管理部门批准，上述规定还可分别延长 5 日、15 日、20 日。交通事故责任认定作出后，应当制作《道路交通事故责任认定书》。

（4）熊某如果对《责任认定书》所认定的责任有异议的，可以申请上一级交通管理部门重新认定。

（5）将车修复、伤员治愈后，通知公安交通管理部门，由他们就事故赔偿问题进行调解，调解不成，公安交通部门制作《调解终结书》。

（6）熊某可以持《责任认定书》、《调解终结书》及有关损失凭证向人民法院起诉，请求人民法院处理。

（7）向保险公司要求理赔。

23. 行政处罚要公正

同村农民赵义生和赵广生，两家素来要好。1997 年 3 月，赵广生因怀疑其妻与赵义生有不正当的男女关系，自此与赵义生产生矛盾。一日，赵广生之妻王小红路过赵义生家门口，被赵义生之妻谢大红看见，谢破口大骂王是"偷人精"，王小红也接骂，后经邻居劝开各自回家。到傍晚,赵广生感到自己受了欺侮,在痛恨妻子的同时,还认为自己丢了面子,于是同妻子一起来到赵义生家找谢大红"算账"。两家开始是对骂,后发展到动手打架,赵广生用石头将赵义生头部砸伤。谢大红见自己的丈夫受伤便拿锄头去砸王小红,正好砸中王小红小腿,造成骨折。好在村干部及时赶来制止,才防止了事态的继续恶化。后双方各自验伤,住院治疗。经法医鉴定,赵义生头部损伤属轻微伤乙级,王小红腿部骨折属轻微伤甲级。公安派出所经派干警调查,由县公安局作出对赵广生治安拘留10天、罚款100元,对谢大红治安拘留13天、罚款200元的处罚。双方都表示服从处理,且经调解,双方对医药费的赔偿达成了协议。

农民朋友,你知道吗,案中公安局作出的拘留、罚款处理,由于处罚公正,双方都服从处罚。

所谓的行政处罚是指国家行政机关和国家行政机关工作人员在实施行政管理中,对违反行政管理法规,尚不够刑事处罚的公民、法人或其他组织作出的制裁。行政处罚的种类包括有:(1)警告;(2)罚款;(3)没收违法所得、没收非法财物;(4)责令停产停业;(5)暂扣或者吊销许可证,暂扣或者吊销执照;(6)行政拘留;(7)法律、法规规定的其他行政处罚。

根据《行政处罚法》的规定,行政处罚应遵循公正、公开原则。公民、法人或其他组织对行政机关所给予的行政处罚享有陈述权、申辩权;对行政处罚不服的,有权申请行政复议或提起诉讼,受到损害的,有权要求赔偿。

24. 林业局为什么输了官司?

　　杨剑是江西省莲花县六市乡山口村村民。1997年8月25日,杨剑自六市乡山口村装运杉木104根(约5立方米)到高洲乡上塘村出卖,因未售出于9月11日将木材运往莲花县城。途经上塘公路时,因无木材运输证,被莲花县公安局林业分局干警拦截。9月14日,莲花县林业局依据《江西省木材运输管理暂行办法》(1992年公布施行), 以无证运输木材为由,对杨剑作出没收木材和罚款1000元的行政处罚决定。杨剑不服,诉至莲花县人民法院。

莲花县人民法院经审理认为,莲花县林业局对杨剑以无证运输木材为由作出的行政处罚,事实清楚,适用法律正确,故判决维持对杨剑的行政处罚决定。判决后杨剑不服,上诉至萍乡市中级人民法院。

二审法院经审理认为,我国森林法及其实施细则规定,对无证运输木材的行为由主管部门及其设立的检查站给予制止,但并未设定行政处罚。《江西省木材运输管理暂行办法》作为地方规章,设定的对无证运输木材的行政处罚与我国《行政处罚法》关于行政处罚设定的规定不符。据此,法院作出了撤销原判和撤销莲花县林业局对杨剑的行政处罚决定的终审判决。

这一个案例可以说明行政机关在对公民作出处罚时,首要的问题是必须有合法的处罚依据,而本案中林业局依据的《江西省木材运输管理办法》与森林法的规定相悖,因此,不能依照该办法进行处罚。

25. 争抢石头为出气,煽动闹事应当罚

2008 年,某县遭受水灾。某小谖村、大谖村两村在一港叉的两岸,为抢救堤岸,防止被洪水冲倒,两村劳力分别修筑各自一侧的堤岸。在修堤过程中,两村村民因抢夺石料多次发生争吵。8 月 30 日上午,小谖村村民周某得知大谖村村民在靠近小谖村一侧的河滩里撬起一块重约 250 公斤的大石头准备抬走,便赶

去阻止。因大谑村人多,石头被抬走并被砌在大谑村一侧的堤岸上。中午,周某趁对方回家吃饭之际,叫来村民将石头抬回砌在本村一侧的堤岸上。这事被大谑村的村民马某撞见,回村叫来村劳力要将石头抢去。周某见状,即在广播里喊:凡在村的社员都到堤岸上去,大谑村将我村的石头抬走了,我们一定绝不低头,这口气一定要出。在播音期间,石头被大谑村抢去。周某即率全村劳力,不顾乡、村干部劝阻硬是将石头抢回,造成两堤岸几百人闹事,互相砸石头、推打,到晚上才平息。

事发后,县公安局根据《治安管理处罚法》的规定,于 2008 年 9 月 10 日作出治安处罚决定书,给予周某拘留 15 天的治安处罚。周某以其维护本村利益,石头是自己一方河滩上的为由提出申辩,并向上级公安机关申请复议。市公安局认为周某在抗洪期间煽动闹事,事实清楚,县公安局的处罚并无不当,作出维持原处罚决定的复议。

该起行政处罚的关键是如何认定周某违法的事实、违法的性质,即周某的行为是否违法,是违反了行政法律规范还是违反了刑事法律规范,即是按行政法处罚还是按刑法处罚。案中两级公安机关将周某的行为定为违反行政法规的行为是正确的,处罚恰当。

26. 经营者违法本应罚，执法者越权被撤销

邹昌华是江西省某市农民。1997 年 10 月 18 日，市畜牧水产局执法人员根据群众举报，在某镇查获了邹昌华正在经营的电捕鱼工具装备，并向邹昌华出具该局自行印制的"临时没收单"，还在该没收单的备注栏中写明："没收产品，并依据渔业法处罚 1500 元正。"当场没收邹昌华的电捕鱼工具装备。由于当时邹没有现金交付罚款，便立下欠条一张给该局，欠条上写明 10 月 21 日将罚款交清。10 月 21 日，市畜牧局执法人员到邹家执法检查，将邹家中的升压器、电烙铁等制渔具的设备强行没收带走。邹昌华多次向该局索要没收的财产及欠条未果，遂于同年 12 月 22 日向市法院提起行政诉讼。

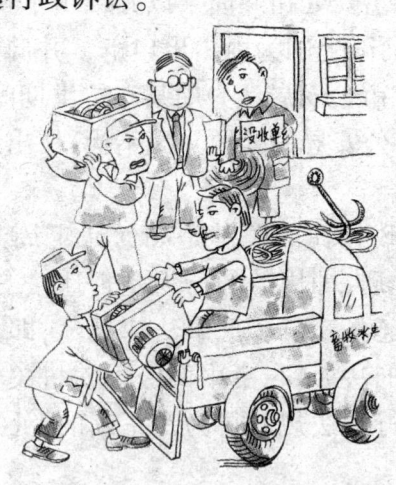

　　某市人民法院经审理认为，邹昌华非法制造、经营不合法律规定的电捕鱼工具装备的事实证据充分，其行为违反了渔业法规的有关规定，属非法行为，应由渔政部门按有关规定予以处理。但某市畜牧水产局作出处罚决定应严格按照渔业法规定作出正规的渔业行政处罚决定书，并在邹昌华诉权期满后申请人民法院强制执行。某市畜牧水产局未向邹昌华下发渔业行政处罚决定书，已属程序违法，其自行强制执行的具体行政行为属超越职权的违法行政行为，应依法予以纠正。另外，《中华人民共和国渔业法》中并没有1500元的罚款幅度，市畜牧水产局对邹昌华罚款1500元属适用法律错误。据此，某市人民法院依法作出判决，撤销市畜牧水产局的渔政处罚的具体行为，限其在判决生效后3日内返还非法没收的邹昌华的财产。

27. 罚他人，自身不合法而被撤销

　　厉瑞英是江西某市广昌镇村民。1998年4月1日，厉瑞英向市公安局反映，前一天晚上广昌镇派出所干警有两人不知何因搜查了她的家，致使放在家中的5000元现金不见了。当时接待她的市公安局张副局长听了厉瑞英略带"质问"的口气后，十分恼怒，责令她"滚出去"。情急之下，厉瑞英拍了一下桌子说：

"你们不给我讲清楚我犯了什么法，我就要去控告你们！"张副局长即派人将其拖出办公室，还扬言要拘留她等等。当日下午，市公安局对厉瑞英传讯问话，持续问话至晚上12时后，该局以扰乱工作秩序为由，对厉瑞英作出治安拘留10天的处罚决定，将她关进了拘留所，当晚也没给厉瑞英吃饭，也没有交待陈述权、申辩权、担保权及处罚的事实依据、理由等。厉瑞英被拘留期间，市公安局的干警没有去问过一次话。厉瑞英不服，在其亲友的帮助下，依法向地区公安局申请复议，但地区公安局逾期未作出决定，厉瑞英即向某市人民法院提起行政诉讼。

市人民法院经审理认为，厉瑞英妨碍工作秩序情节显著轻微，不够处罚程度，且市公安局的处罚程序明显违法，其所作出的具体行政行为应予撤销，并应赔偿。法院据此作出撤销某市公安局对厉瑞英治安拘留10天的行政处罚的判决，并判令其赔偿厉瑞英245元。市公安局不服，上诉至地区中级人民法院。

地区中级人民法院经审理，也认为某市公安局对厉瑞英所作出的行政处罚程序不合法，没有依法告知被处罚人所应享有的陈述权、申辩权等权利，剥夺了厉瑞英享有的陈述权和申辩权，属程序违法，故依法作出驳回上诉，维持原判的终审判决。

28. 不该你管的事就不要管

1997 年 2 月，某县信用联社向某县公安局报案称：本联社古井信用社聘用的信贷员丁某自 1995 年 3 月至 1996 年 2 月，分四次共计贷款给该乡个体户陈某 6 万元，现陈某否认借款一事，请求公安机关向丁某追回贷款。某县公安局二科随即以金融诈骗立案，并派员将丁某传讯至古井信用社核账。之后又将丁某带至县公安局讯问，勒令丁某交款。丁某不从，当晚 10 时许，公安干警即给丁某戴上手铐，送进留置室。至次日晨，丁某叫家里亲友按照公安人员的意图缴交了现金 2 万元并另行写了一张 2 万元的借据后才将丁某释放。后丁某向某县人民法院提起行政诉讼，要求撤销县公安局的侵权行为，退还索交的现金、借据等，并赔偿经济损失。

　　某县人民法院经审理认为,丁某系古井信用社聘用的信贷员,其贷款给陈某属履行职责的行为。贷款后,即在古井信用社与陈某之间形成了债权债务关系。县公安局明知该案属经济纠纷,丁某也并非债务人,而强行将丁某留置,威逼还款,其行为已违反了公安部关于公安机关不得非法越权干预经济纠纷的通知精神,且程序违法。据此,县法院作出了撤销县公安局对丁某实行的具体行政行为,返还丁某所交的2万元现金和借据,并赔偿丁某经济损失100元的判决。

　　农民朋友,这个案子告诉我们:行政机关不是任何事都能管,国家法律规定各国家机关、行政部门有各自不同的职责和管辖范围,不能管不属自己管的事,否则即属违法行政。这种现象在农村中较为多见,请农民朋友注意分辨。

29. 当管不管也是错

　　据《人民法院报》报道:1994年春,北京市海淀区上庄乡二大队未经批准,擅自将罗太江等人所在的上庄乡东小营村二小队的85亩耕地出让给中国工商银行海淀支行建车库、别墅和鱼池。1997年5月20日,罗太江等25名海淀区上庄乡东小营村二小队的农民联名向海淀区房屋土地管理局提出书面申请,请求海淀区房屋土地管理局对海淀区上庄乡二大队未经批准非法出让耕地一事作出处理。海淀区房屋土地管理局收到申请后予以登记，并由分管副局长批阅，但一直未作答复。为此，罗太江等人于1997年11月27日向海淀区人民法院提起诉讼，请求法院判令海淀区房屋土地管理局对此违法出让土地一事履行法定职责，进行查处。

海淀区法院经审理认为，海淀区房屋管理局作为国家的土地管理机关，对土地违法行为具有查处的职责。该局虽已受理罗太江等人的申请，但一直未作答复，其行为仍属不履行法定职责的违法行为，故判决海淀区房屋土地管理局履行法定职责，对罗太江等人申请的对海淀区上庄乡二大队出让土地一事作出处理。

农民朋友，这是一起典型的行政机关不履行其法定职责的案例。当管的事不管，这样的情况在农村还有不少，如有时农民要求为小孩上户口、办居民身份证、制止不法侵害等，就会碰到有关部门不管或不积极处理的问题。这也是造成农民告状无门、上访增多的原因之所在。农民朋友们，如果你们遇到这种情况，也应像罗太江等人一样，拿起法律的武器，维护自己的合法权益。

30. 滥用职权的行为应撤销

南阳市某氮肥厂系国有大中型化肥生产企业,其产品行销全国各地,享有良好声誉,并被河南省政府定为"省免检产品"。1997年夏季,正值化肥销售旺季,河南省某县人民政府为了保护当地一家县办化肥厂的利益,阻碍南阳氮肥厂的化肥在该县境内销售,和县技术监督局一起查封了该氮肥厂生产的化肥1万余吨。为此,南阳市某氮肥厂向人民法院提起诉讼。

该案的审理结果,毋庸置疑,肯定是某县人民政府和该县技术监督局败诉。案中的县人民政府及县技术监督局从狭隘的地方利益出发,采用不合理的甚至是违法的行政手段,查封南阳氮肥厂生产的化肥,这是一起典型的滥用职权的行为。

农民朋友,你们在生产、生活中也肯定遇到过与此相类似的滥用职权的行为,如乡政府因经济利益的驱动,指定农户一定要购买其购进的化肥、农药、种籽等,否则即强行扣农户的款,更有甚者将强行推销的种籽等款直接计算在向农户收取的费用中,无论你是否购买,反正钱要收。看了上面这个案例,再遇到这种情况,相信你们知道自己应该怎么做了。

31. 一户两宅地违法,限期拆除应当

1980 年,乔小妹由湖南某县迁至江西某县上塘镇前门村落户,被该村赵秀英收养。1986 年,乔小妹结婚,前门村委会根据其家庭情况给其规划宅基地一处。1989年,赵秀英去世,除乔小妹外无其他继承人。1995 年,乔小妹将赵秀英的房屋拆旧盖新,居住至今。1998 年,村委会经研究,决定将乔小妹原宅基地收回土地使用权。但多次催促,乔都置之不理。前门村委会于是向上塘镇人民政府申请,要求镇政府处理。上塘镇镇政府根据土地管理法的有关规定,于 1999 年 5 月 23 日作出决定,限乔小妹在 1999 年 5 月 26 日前将原宅基地上的所有附着物全部拆除并清理干净,恢复地貌。乔小妹不服,向法院提起了诉讼。这场官司,乔小妹会赢吗?

回答应当是否定的。根据土地管理法的规定,农村宅基地的所有权属集体所有。乔小妹搬迁后腾出的宅基地,应由前门村村民委员会收回土地使用权。新修订的土地管理法更明确规定,农村村民一户只能拥有一处宅基地,其宅基地的面积不得超过省、自治区、直辖市规定的标准。显然,乔小妹一户拥有两处宅基地的行为与法律相悖,因而法院维持了上塘镇人民政府的处理决定。

农民朋友,你有几处宅基地呢?你的宅基地面积超

过了标准吗？你自己清理、丈量一下，不要也违了法。

32. 私自买卖土地违法,随意确权发证无效

　　周德明是一位退休干部。未退休前即 1977 年在某县城郊的下营村十组集体土地上建有一私房。1983 年县清理干部建私房办公室对周作过处理,但其房后约 40 平方米的土地没有包括在原宅基地面积之内。1996 年 7 月 12 日,周德明给下营村十组原组长、会计又交了 40 平方米的宅基地补偿费 6000 元,并订有协议。1997 年 4 月 16 日,某县人民政府依据周德明的申请,给其颁发了"新国用(1997)第 00236 号国有土地使用证",同时进行了现场勘查。1997 年 5 月 7 日,县政府进行土地调查,并根据《土地管理法》的有关规定,以国有土地形式把周德民建房宅基地前后计 256.28 平方米确权给周德明使用(包括下营村十组的土地在内)。为此,下营村十组村民不服,以县人民政府没有办理征用集体土地手续为由向法院起诉。

　　本案中,周德民与下营村十组原组长私立土地买卖协议,违反了土地管理法关于"任何单位和个人不得侵占、买卖或以其他形式非法转让土地"的规定,是一种无效的行为。而某县人民政府在没有界定周德明申请的土地属国有土地的情况下,将下营村十组的集体土地当作国有土地确权给周德明使用,并颁发了国

有土地使用权证,显然也是违法了。因此,法院最后撤销了该国有土地使用证。

非法转让土地、买卖土地的现象在农村经常发生,特别是一些村干部倚仗自己手中的权力,非法卖地、中饱私囊;而一些土地管理部门也熟视无睹,不追究、不过问,甚至参与卖地。对这种违法行为,我们应坚决制止。

33. 公安无权裁决民事赔偿

2008 年 6 月 3 日上午,胡天成、张恒花夫妇因洗竹垫与邻居胡国成、江青花夫妇发生纠纷,进而发生扭打。争执中,胡天成用铁块将胡国成的头部砸伤,后经法医鉴定为轻微伤甲级;张恒花用竹竿将江青花头部打伤,后经法医鉴定为轻微伤乙级。某县公安局根据《中华人民共和国治安管理处罚法》的有关规定,对胡天成处治安拘留 7 天, 对张恒花处罚款 200 元,同时裁决由胡天成负担胡国成医疗费、营养费、鉴定费共 667.58 元,由张恒花负担江青花医疗费、鉴定费、营养费共计 467.24 元。胡天成、张恒花不服,向地区公安局申请复议, 地区公安局维持了县公安局对胡天成、张恒花处以治安拘留和罚款的处罚决定,撤销了县公安局对本案医疗费、营养费、鉴定费负担的裁决。

行政裁决是指国家行政机关依照法律授权,按照法定程序,主持解决当事人之间发生的、与行政管理事项密切相关的、特定的民事纠纷的活动。其前提是必须有法律的明确授权。从法律上来讲,公安机关对因民间纠纷引起的打架斗殴和毁损他人财物的案件,拥有治安处罚权,但无对当事人之间的经济损失、民事赔偿的裁决权。而在实际生活中,公安机关裁决民事赔偿的事例比比皆是。特别是利用职权,违背当事人的意愿强行调解、强行裁决,有的甚至采取先关人、付了钱即放人的方法来调处纠纷,这都是严重的违法行为。

34. 行政失职造成损失要赔

丁甲(系某村党支部书记)与丁乙是堂兄弟关系,两家是左右邻居。丁甲有房8间居西,丁乙有房两间及一块宅基地居东。1996年11月,丁甲提出与丁乙对换宅基地。丁乙提出只要批给他原村饲养院以东的宅基地就对换(该处土地为村规划处土地),丁甲表示办办看。1996年12月15日,丁甲以自己的名义申请在原村饲养院以东宅基地上建房4间,并以自己的名字填写了建房申请。此后丁甲通过某乡政府建房办公室工作人员丁丙将自己的名字改成了丁乙,使丁乙领取了在原村饲养院以东宅基地上建房的许可证。1997年8月,丁乙在村规划内原村饲养院以东宅基地上建房,某村村委会及乡政府发现后,曾多次责令停工,但丁乙置之不理,继续施工建房4间。1997年11月间,某县土地管理局认为丁乙在丁甲非法申请的宅基地上新建的四间房屋不符合乡、村建房规划,根据土地管理法的规定,责令丁乙限期拆除违章建房,退还非法占用的土地。丁乙不服,向人民法院起诉。

案中丁甲利用党支部书记的职务便利,非法申请批准在村规划内建房,是一种违法行为。乡政府乡建办工作人员让丁甲改申请人为丁乙,且后发给丁乙建房许可证,是一严重的失职行为。丁乙明知自己不能申请建房而建房也有错误。所以,法院处理的结果应是维持县土管局的决定,丁乙必须拆除违章建房,而造成的损失,则应由丁甲、乡政府和丁乙按责任大小分担。

农民朋友,你在生活中遇见过类似的行政机关因失职造成损失的现象吗?如给不具备行医条件的人许可其设立诊所, 给不具备条件的人发放驾驶许可证等等,这些都是行政机关的失职行为。由此造成的国家、集体、他人的损失,应由该行政机关负责赔偿。

35. 罚款20元,也应依法收款

冯某是某市太阳乡西边村农民。前几年,他学会了驾驶汽车,且经考核取得了驾驶证。1999年3月2

日,他驾驶汽车在市区的十字路口因闯"红灯",被值勤交警发现,交警对冯某进行了教育并处以罚款 20 元,并当场出具罚没款收据收取了罚款。回家后,冯某总觉得值勤交警执法犯法,当场收款,违反了行政处罚法关于罚款与收款相分离的规定。值勤交警真的有错误吗?

从案中所反映的情况来看,值勤交警冯某处罚及收取罚款的行为符合行政处罚法的规定,没有错误。

行政处罚有简易程序、一般程序及听证程序之分。按照行政处罚法的规定,对公民罚款 50 元以下,对法人或者其他组织处以 1000 元以下罚款或者警告的行政处罚,且违法事实确凿并有法定依据的,执法人员可以当场作出处罚决定。这即是所谓的行政处罚简易程序。

另外,依照行政处罚法的规定,作出罚款决定的行政机关应当与收缴罚款的机构分离。但有下列情形之一的,执法人员可以当场收缴罚款:(1) 依法给予 20 元以下罚款的;(2) 不当场收缴事后难以执行的。但无论是当场收缴罚款还是由其他机构收缴罚款,都应当向被处罚人出具省、自治区、直辖市财政部门统一制发的罚款收据;否则,当事人可以抵制。

36. 行政处罚应依法定程序进行

马某(男,42岁,江西某市黄沙乡农民)自1996年起承包乡林场的果园。1988年,果实丰收。10月下旬,马某请车将自家产的桔子拉至镇上销售。10月23日,市场税务所(地税)助征员王某到集市征税,经估算,马某应缴税77.04元,马某当即交了34.24元,尚欠42.80元。第二天,因桔子未卖完,马某继续卖。吃中饭时遇见王某,王某要马某交税,马某说桔子还未卖完。王某坚持当场要收缴,马某则说王某是因向其索要桔子未给而报复,王某听后扯住马某的衣服要他到所里去处理。马某的外衣扣被王某扯掉了几个,后被他人拉开,随后双方都到市场税务所万所长办公室各自谈了自己的理由。10月25日,马某自己到税务所交清了42.80元税款。10月27日,县税务局召开了部分欠税及抗税人员会议,马某在会上作了检查,承认自己的不对。会上由万所长口头宣布认定马某诬陷税务人员并抗税,决定对马某罚款200元,限其2日内交清。马某以没有文字处罚决定为由拒绝交缴罚款。11月1日,市场税务所因马某未交罚款,派人到马某家对其加罚滞纳金13元。马某交清了200元罚款和13元滞纳金后,依然不服,于11月6日向上一级税务机关申请复议。上级税务机关在复议时发现县地税局只有一张处罚决定书,无任何证据材料,故裁决撤销县地税局的处罚规定。

本案中,县地税局对马某进行行政处罚时,没有按法定程序进行,主要存在以下一些错误,一是对马某处罚不采用书面形式,只是口头通知;二是没有书面告知马某的复议请求权和起诉权;三是由税务局工作人员直接收取马某的罚款及滞纳金,违反了执罚与执收应分开的原则;四是在对马某作出处罚前没有调查核实,故无书面材料以证实。

农民朋友,如果你在生活中碰到这样的事,会依法抵制吗?

37. 下级无权否定上级的行政行为

陈某、单某夫妇生有三子,原有住房四间。1986年3月,陈某申请建房,经村干部批准划给一处八间房的宅基地。陈某在宅基地东头建起四间房,西头只铺了四间房的地基,后墙垒至平口。1986年11月,陈某又砌了八间房的院墙。后来陈某与儿子分家,长子分得新建的四间房,三子分得未建的四间房框。1988年1月22日,陈某在原建西头四间房基上动工建房,某村委会以陈某未经审批和不需要建房为理由,出面制止。陈某以宅基地早已批给自己使用和持有县政府颁发的房产证为由,不听劝阻。5月30日,某村委会报告乡政府,要求吊销陈某的房产证。乡政府同意,并限陈某一个月内拆除其非法建房四间(包括院墙、宅基地上其他附着物)。陈某不服,遂与其妻单某共同诉讼至某县法院。

本案中,陈某有县政府颁发给他的房产证,可以说明陈某使用的宅基地得到了县政府的许可。而乡政府是县政府的下级机关,无权否定上级行政机关的具体行政行为,这就是我们农村通常所说的"只有爷哇崽,哪有崽哇爷"。显然,乡政府必败无疑。

农民朋友,你在生活中碰到过这样的事吗?

38.这样集资修路也违法

据《人民法院报》报道:富民县者北乡有1.6公里道路年久失修。为了整修这条道路,经县、乡政府和昆明公路管理部门研究决定,由者北乡政府负责公路排水沟和挡墙的施工及费用,路面由昆明公路管理段铺高修复。鉴于乡政府经费困难,除县政府、县交通局补助乡政府部分资金外,不足部分由当地群众集资摊派。1995年9月20日,者北乡者北办事处制定了《关于整修者北公路集资办法》,按照该办法,该乡农民陈海权被摊派集资款380元,但陈海权拒绝交纳该款。1996年4月4日,者北乡有关负责人带领"工作队"多人,强行将陈海权家一台黑白电视机搬走抵交集资款。陈海权为此将乡政府告到法院。

　　一审法院经审理认为,乡政府的集资行为,不属向农民乱摊派、滥收费的范围,但扣押电视机属违法行政。据此,一审判决撤销者北乡政府扣押电视机的具体行政行为,限期返还电视机并承担诉讼费。陈海权不服,向云南省高院上诉。云南省高院经审理认为,被上诉人富民县者北乡政府无任何法律、政策依据,对陈海权的集资属乱摊派、滥收费的非法行为,为收取集资款而扣押陈海权的电视机的行为属非法的具体行政行为。为此,判决者北乡政府败诉。

　　农民朋友,你所在的乡、村发生过类似的集资修路、集资建校等现象吗?也许你在此之前不敢抵制,从上面案例中,你也许得到了启发,以后敢于依法抵制各种非法集资、摊派的行为了。

39. 行政违法可申请复议

1997年5月至9月，王某（甲县农村个体工商户）委托李某等人在某市长广农场向当地养鸭专业户采购鲜蛋3万斤，就地设点加工成皮蛋，并在市场上销售不宜制作皮蛋的鸭蛋1000斤。9月23日，某市工商局长广工商所以贯彻国务院《整顿市场秩序，加强物价管理的通知》为由，来皮蛋加工场查询。王某如实地反映了他是甲县个体工商户等情况，并赶回甲县工商局签发外出经营证明。10月4日，长广工商所在没有任何手续的情况下，会同食品公司，擅自打开加工场房门，强行拉走皮蛋10万个，并踏坏皮蛋850余个。事发后，王某多次前往工商所、市工商局交涉未果。11月29日，长广工商所又会同食品公司，再次擅自打开加工场房门，在王某未到场的情况下，又运走皮蛋13万个。1998年1月28日，王某接到市工商局的书面处理决定：对王某的皮蛋予以收购处理。王某此时应采取何种方式来维护自己的合法权益呢？

王某应当向市工商局的上级行政主管部门，即地区工商行政管理局申请行政复议。依照当时适用的《行政复议条例》及现在适用的《行政复议法》的规定，公民、法人或者其他组织认为行政机关的具体行政行为侵犯其合法权益,可以向行政机关申请复议。该案中,王某认为长广工商所擅自强行扣押其皮蛋的行为及市工商局作出的强行收购其皮蛋的行为侵犯了其合法权益,可以向地区工商局申请复议。如果王某对上级工商局的复议决定仍不服,在法定期限内还可以向法院提起行政诉讼。

40.“民”告“官”的威力

温某是某乡个体运输户。1995 年 10 月 19 日,温某开车承运旅客行至某区永久街临时车站时,被某市公共客运处下属稽查队阻拦。该队队长王某一行 6 人,认为发给温某《客运证》的机关没有批准权,在没有出示任何身份证件的情况下,向温某索要《客运证》和驾驶员执照。温某出示了以上证件后,被王某扣下。尔后,王某又指使部下将温某汽车启动线路拆除。尽管温某向王某说明营运合法,王某执意不听。此时,车站前其他人也出面向王某交涉,并说“他运营手续齐备,你们无权这样做”。王某才将驾驶执照交还给温某,但仍不交还《客运证》,更为严重的是,王某又指使他人将温某汽车前后牌照拆下,一行人扬长而去。

第二天,温某与王某及其所在的单位领导交涉,未果,于是向人民法院提起行政诉讼,请求法院判令:(1)确认被告扣留原告《客运证》、汽车牌照及其他物品系违法行政行为;(2) 赔偿因违法行政行为造成的损失,每日计300元。

在人民法院受案后、庭审前,被告已向温某承认下属执法人员执法不当,向其道歉,并将已扣押的《客运证》及牌照等物品归还给温某并主动赔偿经济损失6000元。因此,温某向法院申请撤诉。人民法院依照法律规定,作出允许温某撤诉的裁定。

什么是行政诉讼,行政诉讼有什么作用,通过上例可以明确地说明。行政诉讼是指公民、法人或其他组织认为国家行政机关和国家行政机关工作人员的具体行政行为侵犯了其合法权益,依法向人民法院提起诉讼,由人民法院审理并作出裁判的活动。也就是通常人们所说的"民"告"官"。因此,公民、法人或其他组织认为国家行政机关及其工作人员的具体行政行为侵犯了其合法权益的,均可依法起诉。

农民朋友,在生活中你的合法权益受到过国家行政机关的侵害吗?你敢向法院起诉吗?你相信法律的威力吗?也许你从这一案例中可以得到一些启发。

41. 离婚登记失职,被判败诉

刘某与许某是夫妻关系,许因家庭纠纷而想离婚。2004年2月,许某独自在外刻了夫妇两人的印章各一枚。尔后,许某与刘某同去法律服务所调解离婚,该所为他们写好了离婚协议书。因刘某不同意离婚，许某在协议人栏为双方签字盖手印。

2月10日，许某持离婚协议书到镇民政所填写了离婚申请书。该所所长替许某和刘某在离婚申请书的申请人栏盖了两人的印章，并在刘某未到场、许某未出示居民身份证和户口簿等证件的情况下办理了离婚登记，发放了离婚证。2月12日，刘某得知此事，即向镇人民政府提出书面控告而未获答复，刘某于2月20日向人民法院提起诉讼，要求确认镇民政所办的刘某与许某的离婚登记无效并撤销离婚证书。

法院受案后查明，离婚协议书刘某的签名确实不是刘某所为。法院认为许某未经刘某同意，持虚假的离婚协议书骗取镇民政所的离婚登记，已侵犯了刘某的合法权益；而镇民政所违反《婚姻登记条例》的规定，违法为许某办理离婚登记，并发放离婚证，其行为侵犯了原告的合法权益，所办离婚证无效。因此，法院判决，撤销该离婚登记，收回离婚证书。

这本是一件很简单的事，但镇民政所的工作人员不严格依法办事，造成了不良后果。在农村中，请人代办结婚登记，不符合条件骗取结婚、骗取离婚的现象仍时有发生。我们要依法办事啊，绝不要造成这样的后果。

42.不履行职责为新生儿落户,被判履行

王某与某市城镇居民谭某婚后于 1995 年 8 月 19 日生育一婴儿, 随后王某及其亲属曾多次持准生证、出生证、身份证等向市公安局城郊派出所申请为婴儿落户。因王某夫妇未按谭某户口所在地的某乡陆家村村委会制定的"村规民约"的规定,交纳招女婿上门婴儿落户的村镇建设基金 2000 元人民币, 村委会不出具证实王某身份的证明,故公安局城郊派出所即认为王某未能提交有关证明,以手续不全为由不给其所生婴儿办理落户登记。王某遂向法院起诉。

法院经审理认为,王某是合法生育,所生婴儿手续齐全,符合法定落户条件。城北公安派出所认为王某不能提交村委会的证明,以手续不全为由不给予落户是没有法律依据的, 应当对王某所生婴儿准予落户。法院依法判决市公安局在判决生效之日起 1 个月内,给予王某所生婴儿办理落户手续。

该案有两个问题值得思考:一是有的地方"乡规民约"、"村规民约"违反了法律规定,有的"村官"、"乡官"借机欺压村民、敲诈勒索。本案中所谓的新生婴儿落户的村镇建设基金 2000 元,实属违法之作。哪一条法律也没有规定应收该基金,也没有哪级政府授权村委会可以收取该基金。二是公安机关本来是保护人民合法权益的部门,却顺从了陆家村委会的这种违法行

为,也把应由村委会盖章证明当作是办理落户的一个条件,实际上是将法律赋予公安机关的法定职责转移一部分给了村委会,形成了法律、法规规定以外的落户条件。

农民朋友,你或你的亲属、朋友遇到过类似的事件吗? 好在有法律为群众撑腰。

43. 乡政府强制执行,违法

1990 年初, 农民张某与李某相识不久就成了好朋友。在谈话中张某得知李某在贵州有亲戚并且在贵州找对象花钱少。于是向李某提出自己已经 38 岁,请李某帮忙在贵州找对象。李某当即应允。同年春节,李某的表亲雷某从贵州来看望李某。李某即向张某讲,由张某出资 5500 元作为旅途开支和给女方的彩礼,由雷某带张某去贵州找对象。张某随即拿出 5500 元,将其中 1000 元留在李某处作抵押,其余 4500 元交给雷某。一个月后,张某从贵州返回,对李某讲,他在贵州找了一个对象, 但是在归途中遭人抢劫与对象失散。对象没找成,张某要李某还钱。

李某将抵押款 1000 元还给张某, 其余的 4500元,要求李某找雷某去要。张某不同意并告到乡政府,要求李某赔偿损失。

1990 年 9 月 25 日,乡人民政府根据司法部颁发的《民间纠纷处理办法》的有关规定,对李某和张某的纠纷作出处理,限李某在该决定书送达之日起10日内归还张某4500元。李某逾期未履行决定。乡人民政府于同年10月8日签发了执行证,强制将李某喂养的328只"伊荷"型蛋鸡变卖,得款3835元,其中发还张某3635元,其余200元留作执行费。

李某以乡人民政府无强制执行权为由,对乡政府的强制执行提起行政诉讼,请求撤销乡政府的执行证,并判令乡人民政府赔偿其经济损失1.2万元。

这是一起典型的滥用强制执行权的案例。行政强制执行,是指国家行政机关,依照法律的授权,对拒不履行行政机关作出的生效法律文书规定的义务的当事人,采取强制措施迫使其履行义务的执法活动。我国法律,只赋予部分行政机关享有强制执行权,如海关、税务等;但主要的还是由行政机关申请人民法院强制执行。本案中的乡人民政府,法律并未赋予它享有强制执行的权利,因此,乡政府强制执行属滥用职权的行为。另外,乡政府依照《民间纠纷处理办法》对民事纠纷作出的处理决定,当事人不履行的,该决定并没有法律效力,不能作为强制执行的依据。一方当事人不履行,对方只能就原纠纷向人民法院提起民事诉讼。

44. 乡政府终止承包合同造成损失,当赔

某市永吉乡平南村村民周国水等人于 1990 年 3 月 5 日与村委会签订了为期 5 年的土地承包合同,承包耕种平南村村委会在 70 年代组织村民从平滩边缘围垦而形成的林场的部分土地。两年后,周国水等人因承包林场土地取得了较好的经济效益。部分村民眼红,于是以林场是村民共同修造为由抢种周国水等人所承包的土地,从而引起纠纷。周国水等人请求永吉乡人民政府处理。乡政府于 1992 年 4 月作出《(1992)

024号处理决定》，终止了周国水等人的承包合同。周国水和平南村村委会对该决定均有异议。后乡政府发现自己并无权处理集体土地权属纠纷，又于同年6月决定撤销其作出的《(1992)024号处理决定》，同时书面通知周国水等待交接。1993年3月4日，某市政府作出《(1992)33号关于确定永吉乡平南村林场用地权属的决定》，明确了林场的土地使用权属平南村村委会。这样，周国水等人与平南村村委会签订的土地承包合同仍然有效。但周国水等人1992年却因无法按合同约定经营所承包的土地，由此造成了误工、农药、化肥、种子等经济损失。周国水等人认为这些损失都是由于乡人民政府作出错误的行政处理决定造成的，因此，他们以永吉乡人民政府为被告提起行政赔偿诉讼。

法院经审理认为，周国水等人与平南村村委会签订的土地承包合同合法有效。1992年3月部分农民抢种该土地属侵权行为，当事人请求乡政府处理时，乡政府非但不制止不法侵害，反而撤销其承包合同，致使周国水无法按合同经营所承包的土地，造成了经济损失。同年6月，乡政府虽然撤销了自己的错误决定，但又通知其"等待交接"，实际上是等市政府作出确权决定，因此这段时间周国水等人也无法经营土地，损失继续扩大。根据我国《行政诉讼法》第68条的规定,行政机关或者行政机关工作人员作出违法的或不当的具体行政行为,使公民、法人或其他组织的合法权益受到损害的,应当承担赔偿责任。因此,法院判决永吉乡人民政府赔偿周国水等人的经济损失30000元(按每亩1500元计算,共20亩)。

45. 执法者违法执法受处罚

　　1997年12月10日,一个东北药贩到江西某县新城镇个体医生刘某开的诊所推销红参。刘某具有一定的中医中药知识,见药贩所卖红参无芦头,口尝有麻舌的感觉,认定是假红参,便立即打电话告知新城镇工商所。工商所所长贺某接到举报后将该药贩带到工商所审查。因该药贩不能提供推销中药的合法证明,便将他的"红参"暂扣,并通知药贩提供合格药材的证明来领取。药贩走后几个月无音讯,新城镇工商所所长贺某即将该"红参"以每公斤140元的价格销售给新城镇药店,共计20公斤,计款2800元。后来该款作为奖金发给了该所干部。

　　无巧不成书,1998年5月,县人大常委会会同药政执法人员一起到有关单位检查《药品管理法》的实施情况。他们也接到新城镇部分群众举报有假"红参"在销售,因而在新城镇卫生院、药店、诊所等处重点检查红参的质量。检查组在新城镇药店抽查了"红参"饮片(加工品),发现该药片不是正品红参,而是商陆科植物的根。鉴于上述情况,县卫生局根据《药品管理法》的有关规定,作出没收新城镇工商所销售假红参的非法所得2800元,并处以该非法所得1倍的罚款的决定。新城镇工商所接到处罚决定后,认为自己是执法机关,其他行政机关不能对其处罚,故向县人民法院提起诉讼,请求撤销该处罚决定。

县人民法院经审理认为,县工商行政管理局新城镇工商所的工作人员在执行职务时,不依法行使管理职权,明知暂扣的红参是假品,却不按规定送交药检部门鉴定或送卫生局药政部门销毁,也不上报其主管部门,为牟取私利竟将假药销售,致使假药流入医疗单位,侵犯病患者的合法权益。此举既违反了工商管理法规的规定,又触犯了药品管理法,理应受到处罚。法院作出维持县卫生局对新城镇工商所处罚的决定。新城镇工商所未上诉。至此,一起执法单位违法执法受处罚的不应该发生的事才告结束。

46. 滥批宅基地的苦果

1994年,某市前元乡段庄村村民赵东生在已获批准的宅基地上建房。村委会同意其阳台可超过土地使用证面积占用土地12平方米,待以后补办有关手续,但后来一直未补办任何手续。市土管局在土地执法检查时,发现赵东生超面积建房,于1999年9月17日对赵东生予以处罚,限其拆除超建的12平方米集体土地上的建筑物,恢复土地原状。赵东生不服该处罚,诉讼至法院。法院委托市价格事务所鉴定,该阳台建造所需费用为2706元,拆除所需费用为650元。法院依照法律规定作出了维持市土管局对赵东生所作出的处罚,赵东生所受损失3356元由段庄村委会承担的判决。

村民建房超占集体土地,这种现象并不少见。但因村民赵东生超占土地是村委会同意了的,而村委会无权批准村民超占集体用土,对构成赵东生超面积建房有明显的过错。根据民法通则的规定,公民、法人因过错造成他人人身、财产损害的,应当承担赔偿责任。赵东生非法超占集体土地,市土管局对他作出限期拆除违法建筑的行政处罚,完全符合法律规定,因此人民法院判决予以维持。

47. 派出所只享有500元的罚款权

某夏日,同村村民邹小武与邹永生因放水一事发生纠纷。邹小武说邹永生堵了流入他家责任田的水,使禾苗几近干死,因而责骂邹永生。邹永生则说不是他堵的水,是因上面渠道无水流下来。两人从争吵、对骂发展到动手打架,双方都受伤(轻微伤)。邹小武觉得自己有理,向村委会治保主任告状,请求村委会处理。村委会治保主任因怕自己调解不了,就打电话通知乡派出所派人来处理。第二天上午,派出所的驻片民警小王和小况赶到村委会,治保主任也通知邹小武与邹永生来到村委会。小王和小况听双方诉说打架经过及处理意见后,经做工作,双方不能达成一致意见,于是以他们两人违反治安管理为由,作出各罚款1000元的治安处罚,并限他们在5日之内交纳罚款和到乡派出所再次调解。

两位打架人离开村委会后,觉得甚是冤屈,感到不但没有调处好纠纷,反而还要罚款1000元,故而又互相怨恨对方。晚上,邹小武突然想起他有一个表弟在县城做律师,于是第二天一大早他就来到县城找到这位做律师的表弟。邹小武讲明来意并将闹纠纷、打架、处理的经过谈完后说:"我不知怎么办,所以来向你讨教。"这位律师说:你们两位因闹纠纷而动手打架,伤害对方身体,确实是违反了法律,公安机关可以依法对你们作出治安处罚。但依据《治安管理处罚法》的规定,公安派出所只享有500元以下罚款的处罚权,现对你们作出罚款1000元的处罚已超越了派出所的职权。你现在如对罚款不服,可以向上级公安机关申请复议;另外,你们打架双方可以互相调解一下,确实调解不成,可以向人民法院起诉,由人民法院处理。

邹小武听后,立即向他的表弟说,我肯定要申请复议,请你帮我写一个复议申请书;对于我们打架的事,我回去直接去向邹永生承认错误,我冤枉了他,确实不是他堵的水,我自愿承担主要责任,估计他也会同意的。

48. 不申请复议而丧失起诉权

1995 年 12 月 8 日,李月生因殴打他人致轻微伤而受到某县公安局罚款 100 元的行政处罚,并被裁决赔偿受害人医疗费 504 元。李月生接到处罚后持无所谓的态度,既不申请复议,也不履行裁决规定的义务。为此,县公安局又于 1996 年 1 月 5 日以其拒不履行处罚裁决为由对其作出行政拘留 15 天的处罚。此时,李月生才如热锅上的蚂蚁,在其亲属的担保下暂缓执行拘留,并立即请律师代写申请复议书,认为县公安局第一次的处罚过重, 第二次处罚违反法定程序,请求地区公安局改变第一次罚款金额,撤销第二次拘留处罚的裁决。地区公安局经审查,认为李月生在法定期限内未申请复议,已丧失对第一次行政处罚的申请复议权,裁决不予受理;对李月生提出的第二个复议请求不予支持,作出了维持县公安局对李月生行政拘留裁决的复议裁决。李月生仍不服地区公安局的复议裁决,又以同样理由向县人民法院起诉。

县人民法院经审理认为,李月生丧失了对第一次行政处罚的申请复议权,亦丧失了起诉权。故对李月生的第一项诉讼请求裁定不予受理。对李月生提出的第二项诉讼请求,认为李月生在 1995 年 12 月 8 日被县公安局处罚后,在法定期限内,既未申请复议,又拒绝交纳罚款,事实清楚,证据充分,对其作出行政拘留 15 天的治安处罚适用法律正确,程序合法,故作出维持县公安局对李月生作出的行政拘留 15 天处罚的判决。

49."民"告"官"案,由"官"举证

1999 年 2 月, 某市胜利镇人民政府接到群众举报, 称该镇三湖村村民魏某夫妇计划外生育第二胎。接报后,镇政府即派计生干事找来魏某询问。在询问过程中,计生干事采取了威胁、恐吓等手段,迫使魏某承认生了第二胎。于是,该镇人民政府向市计划生育委员会报告,市计划生育委员会依据本省制定的《计划生育条例》的规定,对魏某夫妇作出了罚款 2 万元的处罚。魏某夫妇收到处罚决定书后,以市计划生育委员会作出的行政处罚无事实根据为由,申请市人民政府复议。市人民政府复议后,维持了原处罚决定。为此,魏某夫妇向人民法院提起行政诉讼。

　　在诉讼中,因市计划生育委员会至庭审结束前一直不能提供魏某夫妇超生第二胎的证据,其所提供的镇人民政府计生干事所作的魏某的笔录,也因不是执法单位人员的取证和采取了胁迫等非法手段获取而不予认可。人民法院认为被告某市计划生育委员会举证不能,以违反计划生育超生第二胎为由处罚魏某夫妇证据不足,无事实根据,故而作出了撤销市计划生育委员会对魏某夫妇作出的罚款2万元处罚的判决。

　　被告负举证责任,这是行政诉讼与民事诉讼、刑事诉讼等不同的特点之一,也是行政诉讼的一项基本原则。所谓被告负举证责任,就是在行政诉讼中,被告行政机关有责任向法院提供证据,来证明自己作出的具体行政行为是合法的。若提供不出证据,或证据不足,就要承担败诉的风险。

50."民"告"官"的官司,不能调解

1998 年 3 月,熊生如结婚不久,因感经济拮据,便携妻来到某国道边开了一家个体饭店。开饭店不久,市卫生防疫站来人检查饮食卫生,发现熊生如饭店防"四害"的设施不全,碗上、案板上到处可见苍蝇,于是对熊生如作出了罚款 200 元的行政处罚,并限期改正。当天,卫生防疫站的人在没有制作和送达处罚决定书的情况下,直接收取了熊生如的罚款 200 元。第二天,熊生如总觉得卫生防疫站的人做法不妥,便向人民法院提起了行政诉讼,认为市卫生防疫站对他作出处罚无事实根据,且程序严重违法,请求人民法院撤销市卫生防疫站的处罚决定。

市法院经审理,认为熊生如所开饭店卫生设施不全,在碗上、案板上发现有许多苍蝇,已经违反食品卫生法的规定,应当受到处罚。但市卫生防疫站的工作人员在未向被处罚人送达处罚决定书的情况下,直接收取罚款,属执法程序违法。为此,该法院审判人员主持双方调解;(1) 市卫生防疫站将对熊生如罚款变更为 100 元;(2)熊生如撤回对市防疫站的起诉。市法院

主持调解的做法正确吗？

回答是不正确。因它违反了行政诉讼法关于审理行政案件不适用调解的原则，这是行政诉讼的一项特有原则。因为在行政诉讼中，虽原告享有处分自己实体权利的权利，但被告是代表国家行使行政权，他不应享有这种自由，行政机关行使行政职权既是一种权利，同时又是一种职责、一种义务。所以说人民法院主持原、被告双方调解是错误的。

51. 夫亡，其妻有权提起诉讼

张建新与胡凤英是一对恩爱夫妻。1998年3月2日，他们夫妇两人骑摩托车来到小镇上购买衣物，偶然遇见同村好友张来富，因张来富外出多年未归，故见面后颇感亲热，说话之中，张来富以自己身上未带钱，急需钱乘车到省城办事为由，向张建新夫妇借款200元，张建新很爽快地答应了并当即付给他人民币200元，张来富收钱后即匆匆与夫妇俩道别。第二天，市公安局刑侦大队两警察突然来找张建新，说张来富是外县一起抢劫杀人案的犯罪嫌疑人，昨天晚上乘车时被公安机关抓获，已招供昨天张建新借给他钱，资助他逃跑。张建新极力否认资助张来富逃跑的事实。两天后，市公安局以张建新资助在逃犯逃跑为由，依据《中华人民共和国治安处罚条例》的有关规定，作出对张建新行政拘留 15 天的处罚。张建新不服,以治安处罚无事实根据为由申请地区公安局复议,地区公安局经复议,维持了原处罚决定。但就在接到复议决定书的当晚,张建新骑摩托车从县城回来,不幸被车撞伤致死。

张建新死后,其妻胡凤英悲痛欲绝,她无法接受这个现实。在痛苦之余,她把全部精力都倾注在为丈夫伸冤上。胡凤英想向法院提起诉讼,但又怕法院会以公安机关没有处罚她本人,她无权起诉为由拒不受理;不去起诉又觉得丈夫受此处罚实在太冤,而且丈夫的死与此事也有一定的关系。正在犹豫不决之际,她遇见了她的一位做法官的同学,便向她问及此事。

这位法官听后说,你完全可以向人民法院起诉。行政诉讼法规定:有权提起诉讼的公民死亡,其近亲属可以提起诉讼。近亲属包括其配偶、父母、子女、兄弟姐妹、祖父母、外祖父母、孙子女、外孙子女。第二天,胡凤英持诉状来到市人民法院,市人民法院的立案室经审查,受理了胡凤英的诉讼。

52. 与被诉行为有关的人应参加诉讼

张春宝与张桂玉同住东小口乡太平庄村,系南北邻居。多年来,两家和睦相处,并无纠纷。1995 年 11 月,张桂玉翻建北房,同时垫高院墙和走道。翻建过程中，因建南院墙及走道使用界限与张春宝家发生纠纷，有关部门调解无效。

1996 年 2 月，东小口乡人民政府依据土地管理法的有关规定和该市政府规章《关于加强农村村民建房用地管理若干规定》，并结合村乡两级建设规划的要求，对张春宝、张桂玉两家宅基地使用纠纷，作出了重新丈量和分配两家宅基地的行政处理决定。

张春宝不服乡政府所作的处理决定，坚持认为应按 1950 年颁发的《土地使用证》来确认自家东侧的土地使用范围。张春宝在法定期限内向县人民法院起诉，请求撤销乡政府的处理决定。

县人民法院受案后，通知张桂玉作为第三人参加诉讼。此举使张春宝不解。他想："我又没有告张桂玉，法院怎么通知他参加诉讼呢？"审理此案的法官回答了张春宝的提问：因东小口乡人民政府的行政处理决定是针对两家宅基地使用权纠纷作出的，该行为涉及到张桂玉，人民法院审理的结果也将影响到张桂玉的权益，张桂玉实际上是与被诉的乡政府的处理决定有利害关系的人。依照行政诉讼法的规定，应当通知张桂玉参加诉讼，在法庭上陈述自己的观点和意见，这样便于人民法院查清事实，公平、公正裁决，也有利于对张桂玉的权益的保护。

53. 不属抚恤对象,无权当原告

闻天自 70 年代起, 在原五里公社星湖生产大队任党支部委员、大队会计后又在乡建筑队任会计。1990年,乡政府将其抽调到乡里搞清财工作。1995 年3 月,闻天在工作期间患脑溢血病,虽经医治,但未能治愈,致其生活无法自理。因生活困难,闻天以他为党和政府工作了近 30 年为由,要求乡政府发给抚恤金,未果。闻天又以上述理由向县人民法院起诉。县人民法院经审查认为,闻天依法不属于应享受抚恤金的对象,不具备充当原告的资格。故对闻天的起诉裁定不予受理。

闻天对县法院的裁定很是纳闷:法院为什么不受理我的诉讼,难道法律就不保护我这个残废人吗？还是一位律师解答了他的疑问。这位律师说:你虽然一直在大队、公社及现在的乡里工作,但你的身份仍是农民。我们国家没有农民可以享受国家抚恤金这方面的法律、法规规定,你依法不属抚恤金的发放对象,所以就无权充当原告,法院不受理你的诉讼是对的。

54. 高中生告倒公安局

1998 年暑假,某市高中二年级学生任某一人来到邻县的一个旅游风景点旅游。8 月 5 日晚,他无意中来到一个工厂的宿舍区,刚好被居住在该厂的一个工人撞见。任某被这个工人叫住,并被送到派出所,受到搜身及询问。任某如实回答了警察的提问,并说明了此行的目的及误入宿舍区的原因。但派出所鉴于当天下午该厂曾发生入室盗窃案,认定任某有作案嫌疑,故报请县公安局对任某拘留。20天后,县公安局又以情节轻微为由,解除了对任某的拘留。

任某觉得自己无端被拘留,既耽误了旅游,又在学校及亲友中造成了不良影响,感到很委屈。回家后,他便向自己户口所在地的市人民法院提起行政诉讼,要求撤销某县公安局对其拘留20天的具体行政行为

并赔偿损失 1000 元。

市人民法院经审理认为,某县公安局对任某作出拘留决定无任何事实根据,对任某实施拘留已经侵犯了其人身权利,为此作出判决,撤销某县公安局的拘留决定,由某县公安局赔偿任某损失 600 元。

这是一起公安机关滥用职权、随意关人所致的行政诉讼及赔偿案件。从中我们应当明确两点:一是行政机关对行政管理相对人作出具体行政行为时必须要有充分的事实根据,否则即是违法行政、滥用职权;二是每一公民都应当用法律来保护自己的合法权益,要向案中的学生任某学习。另外,任某被邻县公安局拘留,怎么可以到其他地方的人民法院起诉呢?此即是行政诉讼法为了保护公民的合法权益而作出的规定,即公民对限制人身自由的行政强制措施不服提起的诉讼,既可由被告所在地也可由原告所在地人民法院管辖。这点也请各位农民朋友记住。

55.“官”不举证,被判败诉

刘成、王生持工商执照于 1997 年 4 月 28 日从吉林省到某市某村从捕捞户手中收购江蚌约 10.9 万个,约 4 万多斤。该市水产局以原告非法采购、没有工商执照,且所购江蚌中 60% 系体长不足 13.2 厘米之幼蚌为由将所购江蚌全部没收,并处罚款 3000 元。

刘成、王生收到这一处罚决定后,感到真是冤枉,自己依法收购江蚌还要受到处罚。他俩决心要到法院去讨个说法。于是,在法定期限内,他俩诉至法院,理由是:(1)所购江蚌10.9万个,约4万多斤,95%体长超过13.2厘米,符合省水产资源保护条例有关规定;(2)被处罚人持有合法工商执照,依法经商,收购水产品,是国家政策允许的。故请求法院撤销水产局处罚决定,赔偿损失。

法院经审理认为,刘成、王生持有省工商部门核发的工商执照,经营合法。水产局对刘成、王生所购江蚌没有现场勘验笔录,无任何证据证明其所收购的江蚌不符合规定。据此,法院判决撤销水产局的决定,水产局赔偿刘成、王生的损失。

行政处罚必须在查清相对人的违法事实后方可实行。根据行政诉讼法的规定,行政诉讼由被告即行政机关负举证责任,如被告举证不能则要承担败诉的责任。本案中,水产局即因为对刘成、王生所购江蚌无现场勘察笔录、无证据证明其所收购的江蚌的大小违反规定,故被判败诉。农民朋友,请记住,行政诉讼由被告即行政机关举证。

56.“官”赔“民”案可调解

刘坚是某市湖广镇松林村村民,1997年3月,因在镇上观看一场殴斗被市公安局拘留了5天。刘坚不服该决定。从拘留所出来后,即申请地区公安局复议,但地区公安局维持了市公安局的拘留决定。刘坚在律师的帮助下,于同年5月向市人民法院提起了行政诉讼,要求法院判令撤销市公安局的拘留决定,赔偿其被关押5天的直接经济损失和间接损失共计1000元。

法院受案后经审理认为,市公安局拘留刘坚没有充分的事实根据。因此判令撤销市公安局的拘留决定。另外,法院还就刘坚提出的行政赔偿主持双方调解。经做工作,刘坚主动放弃了要求市公安局赔偿间接损失的诉讼请求,市公安局则主动赔偿刘坚被违法关押5天的损失150元并主动承担了诉讼费用。刘坚与市公安局握手言和。

在行政赔偿诉讼中,行政诉讼法规定可以进行调解。在调解中,我们还必须注意如下两个问题:一是应依法按照调解原则进行调解,即要在查清事实的基础上,依法自愿调解;二是必须遵守诉讼程序。

57.坐错了牢,应获赔偿

谢欢英是某市汪家乡前角村村民。1998年1月5日,同村妇女张小英因怀疑谢欢英与其丈夫有不正当的关系,便指骂谢欢英。谢欢英与其对骂,并扬言要杀死张小英一家。次日，张小英一家在午饭后出现呕吐、胃痛等现象，被村民急送至市人民医院救治。经医生诊断，张小英一家4口均是食物中毒。幸亏救治及时，张小英一家才免于一死，但住院近半个多月，用去人民币3000余元。

张小英一家中毒的事件很快被报告至市公安局，刑侦人员立即在张小英家提取物证(剩菜、剩饭)，经化验是毒鼠药(敌鼠钠盐)中毒。显然，可能有人投毒。刑侦人员找张小英询问后，即怀疑是谢欢英所为，便立即审讯谢欢英。第一次审讯，谢欢英不承认是其所为，第二次、第三次，谢欢英招供。谢欢英被逮捕，移送检察院起诉，市人民法院进行了开庭审理。谢欢英在法庭上反翻供，拒不承认是自己投的毒。但案件承办人员硬认为是谢欢英所为，依照刑法的有关规定，以故意杀人罪判处谢欢英有期徒刑10年。谢欢英不服，向地区中级法院提起上诉，请求改判无罪。中级法院经审理，认为不能以谢欢英的口供定罪，而该案并无能证明谢欢英投毒的其他证据，故宣判其无罪释放。

谢欢英被释放后，在律师的帮助下，立即要求市人民法院因错判而承担赔偿责任。市人民法院认为系检察院批捕、起诉所致，应由市检察院赔偿；而检察院则认为自己不应负错判责任。后谢欢英向地区中级法院国家赔偿委员会申请赔偿，中级法院国家赔偿委员会经审查作出决定,由市人民法院和市人民检察院共同赔偿谢欢英的损失。

国家赔偿是指国家机关包括国家行政机关、司法机关及其工作人员因违法行使职权致公民、法人或其他组织的人身权、财产权造成损失而予以赔偿的制度。我国于1994年5月12日通过了《国家赔偿法》,这是受害人请求国家赔偿的法律依据。本案因错判,给谢欢英造成了损失。根据《国家赔偿法》第19条的规定:"二审改判无罪的,作出一审判决的人民法院和作出逮捕决定的机关为共同赔偿义务机关。"因此,中级法院作出了由市人民法院和市人民检察院共同赔偿谢欢英损失的决定。

58. 村委会是村民自治组织

小刘是某市独城镇新华村村民。1999年11月村委会会计通知其缴纳当年的乡统筹费、村提留款共计531元。小刘认为村委会是乱收费,而且认为村委会收费一年比一年多,故拒绝缴纳。同年12月5日,村委会5名干部上门收缴小刘的上述费用,小刘仍不同意缴纳。村委会干部即强行将小刘家价值1000余元的彩电搬走。

随着普法的开展,小刘又是一个初中生,学到了一些法律知识,知道了对政府的违法行为可以提起行政诉讼。于是,小刘于次日持诉状到法院起诉,请求法院撤销村委会扣押他家电视机的行为并赔偿损失。市法院收到小刘的诉状后,认为小刘以村委会为被告提起的诉讼不是行政案件的范畴,因村委会是一村民自治组织,不属于行政机关,也不是法律法规授权的组织,故作出不予受理小刘起诉的裁定。小刘收到法院的裁定书后,很是纳闷,还是法院立案室的法官帮他解了这个疑。

根据 1998 年 11 月 4 日公布施行的《中华人民共和国村民委员会组织法》规定,村民委员会是村民自我管理、自我教育、自我服务的基层群众性自治组织。它由全体村民选举产生,接受村民的监督。因此,它不是一级基层政府,也不是法律、法规授权其行使行政职能的组织,故不能成为"民"告"官"的被告。当然,小刘的问题可以通过请求镇人民政府解决或向人民法院提起民事诉讼等方式解决。

59. 村民会议的权利

张国庆今年 35 岁。1999 年 7 月,他凭着自己正直、朴实的作风和热心为群众服务的精神,被村民直接投票选举, 当上了某镇上张村村民委员会的主任——上张村首席村官。他上任后,着力整顿村财务、安排困难户生活等,赢得了全村村民的拥护。2000 年

2月，他根据部分群众的建房要求，组织村委会干部商议，安排和批准了近 20 户村民建房用宅基地。他自以为是为群众办了好事。可事后不久，镇政府驻村干部找到他，说群众举报他批宅基地未经村民会议讨论，是违法行为。这下，张国庆恼了，自己热心办事还办错了事，"我究竟错在哪里？"这位镇干部向这位首席村官作了这样的解释：涉及村民利益及比较大的事情，应由村民委员会提请村民会议讨论决定，方可办理。《村民委员会组织法》第 19 条规定的需由村民会议讨论决定的事项主要有：(1)乡统筹的收缴方法，村提留的收缴及使用；(2) 本村享受误工补贴的人数及补贴标准；(3)村集体经济所得收益的使用；(4)村办学校、村建道路等村公益事业的经费筹集方案；(5) 村办集体经济项目的立项、承包方案及村公益事业的建设承包方案；(6)村民的承包经营方案；(7)宅基地的使用方案；(8) 村民会议认为应当由村民会议讨论决定的涉及村民利益的其他事项。另外，村民会议还可制定和修改村民自治章程、乡规民约，并报乡、镇人民政府备案。张国庆听了这位乡干部的一席话，立即意识到自己错在了什么地方，决心在今后的工作中加以克服，严格依法办事。

60. 村民有权监督"村官"

　　新千年来临的第一个春节前夕,劳作了一年的村民们都沉醉在喜庆的气氛之中。有的忙于购买年货,有的正抓住春节前的几天,做点年货生意。而在某乡柳湖村委会的会议室里则座无虚席,黑压压地坐满了人。台上,村委会主任作了讲话。散会后,许多村民认真地观看墙上贴着的十几张表格。这里在干什么呢?原来,这里召开了村民会议,审议了村民委员会上一年度的工作报告。室外墙上张贴的表格分别是"柳湖

村财务收支账目公布"、"育龄妇女计划生育情况公布"、"救灾款物发放情况公布"等。

村委会还要向村民会议报告工作吗?有关事项还要向村民公布吗?该村村委会主任回答说:是的,这是我村贯彻实施《村民委员会组织法》的具体体现。该法规定,村民委员会向村民会议报告工作。村民会议每年审议村民委员会的工作报告,并评议村民委员会的工作。另外,该法还规定,村民委员会实行村务公开制度。村民委员会应当及时公布下列事项,其中涉及财务的事项至少每6个月公布一次,接受村民的监督:(1)本法第19条规定的由村民会议讨论决定的事项及其实施情况;(2)国家计划生育政策的落实方案;(3)救灾救济款物的发放情况;(4)水电费的收缴以及涉及本村村民利益、村民普遍关心的其他事项。村委会不及时公布应当公布的事项或者公布的事项不真实的,村民有权向乡、镇人民政府或者县级人民政府及其有关主管部门反映,有关政府机关应当负责调查核实,责令公布;经查证确有违法行为的,有关人员应当依法承担责任。